成功不難
貴在用心

社會大學 29

成功不難，貴在用心

編著　周儀軒
出版者　大拓文化事業有限公司
執行編輯　林秀如
封面設計　林鈺恆
內文排版　姚恩涵

總經銷　永續圖書有限公司
劃撥帳號　18669219
地址　22103 新北市汐止區大同路三段一九十四號九樓之一
TEL　(〇二)八六四七—三六六三
FAX　(〇二)八六四七—三六六〇
E-mail　yungjiuh@ms45.hinet.net
網址　www.foreverbooks.com.tw

CVS代理　美璟文化有限公司
TEL　(〇二)二七二三—九九六八
FAX　(〇二)二七二三—九六六八

法律顧問　方圓法律事務所　涂成樞律師

出版日◇二〇一九年三月

國家圖書館出版品預行編目資料

成功不難，貴在用心 / 周儀軒編著. -- 初版.
-- 新北市：大拓文化, 民108.03
面；　公分. -- (社會大學系列；29)
ISBN 978-986-411-091-9(平裝)
1.成功法 2.生活指導

177.2　　108000285

序言

有人說過，「根據我個人的觀察，對世界上絕大多數人來說，人生一無意義，二無價值。他們也從來不考慮這樣的哲學問題。走運時，手裡握滿了鈔票，白天兩頓美食城，晚上一趟卡拉OK，玩一點小權術，耍一點小聰明，甚至恣睢驕橫，飛揚跋扈，昏昏沉沉，渾渾噩噩，等到鑽入了骨灰盒，也不明白自己為什麼活過一生。其中不走運的則窮困潦倒，終日為衣食奔波，愁眉苦臉，長吁短歎。即使日子還能過得去的，不愁衣食，能夠溫飽，然而也終日忙忙碌碌，被困於名韁，被縛於利索。同樣是昏昏沉沉，渾渾噩噩，不知道為什麼活過一生……

為什麼而活？每個人都有自己的答案。你在抱怨生活千篇一律的同時，不妨換一種思考方式，也許會使你的精神世界豁然明亮起來，幫助你看清生活的本質，進而更好地生活，更愛生活。

換一種方式思考人生，也許你的生活將會因此而不同。

Chapter 1

你準備好好生存了嗎？

Chapter 2

看淡名利，享受當下生活

Chapter 3 人脈是通往成功的入門票

Chapter 4

成功不難，用心而已

成功不難 貴在用心

Chapter 1

你準備好好生存了嗎？

每當歷盡艱辛之後，人們總會陷入沉思，發出這樣的感歎：「我們到底為什麼而活？」中國哲學家張申府在《所思》中說道：「人為什麼活著？人為活著活著，於此之外，而求人生意義，都是沒有意義的，人生應當怎樣，人生應當活著。頂多也不過擴大其活著，至少這是歷來實用的人生觀——人生理想。」

成功不難 貴在用心

01 等待機會不如創造機會

機會不會上門來找，只有人去找機會。

——狄更斯

生活對於每個人都是公平的，為什麼有的人生活富足美滿，成為社會的強者；而有的人生活貧寒艱辛，被社會所遺忘。其中的原因之一就在於他們尋找和把握機會的能力不同。強者絕不坐等機會，他們努力尋找機會，創造機會；而弱者則更多的是抱怨，一次次錯失機會。

現實生活中，很多人總在抱怨自己的命運，認為自己生不逢時，沒有碰到貴人，沒有機會施展才能。殊不知，出門遇貴人雖然是一件值得慶幸的事，但是並不能因此什麼也不做，只是等待貴人的出現。

想要不經努力，輕而易舉地獲得成功，出人頭地，純屬癡心妄想。這種人的心態已經失衡，即使遇到真正的貴人，也會因為自己的惰性而失去機會。這種人把一生的幸福寄託在別人身上，總想不勞而獲，而最終等待他們的只有生存帶來的苦澀。

有兩個女孩，潔西和艾莉。潔西出生在一個富裕的家庭中，父親是一位外科醫生，母親是大學教授。潔西的夢想是做一名優秀的節目主持人，她對自己的能力很有自信，因為她覺得在與別人相處的時候，大家都願意和她交談，並且願意說出自己的內心想法，她常常跟別人說：「只要有人給我一次機會，讓我上電視，一定能給觀眾留下深刻印象，進而實現我的夢想！」

大學畢業以後，潔西等待了一年多的時間，但卻一直沒有得到上電視的機會。於是，她變得焦躁不安，她不斷乞求上天能賜給她一個機會，可是機會始終沒有來臨！

女孩艾莉的家庭條件一般，父母都是普通勞工，他們每天為了生活奔波，根本顧不了艾莉，甚至支付不起艾莉的大學學費。於是，艾莉白天打工賺錢，用來交學費，晚上還要到別的學校去讀夜校。兩個女孩都擁有相

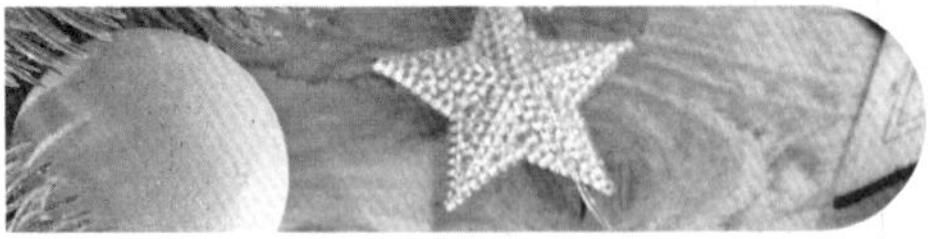

成功不難　貴在用心

同的夢想，艾莉也很想成為一名節目主持人！

大學畢業後，她不像潔西那樣無休止地等待，為了謀得一份符合自己願望的職業，她跑遍了所有廣播電台和電視台。但是，得到的答案都令她感到失望，因為工作單位只僱用有經驗的人。

艾莉感到很委屈，沒有工作哪裡來的經驗，她開始跟每一位接見她的人辯論，一連好幾個月，她都仔細瀏覽廣播電視方面的各種雜誌，還託人去打聽各種可能的工作機會。終於有一天，她在一本雜誌上看到一條廣告，在北方某地有一家很小的電視台正在招聘一名天氣預報員。

雖然艾莉出生在南方所以很怕冷，但是此時的她已經顧不了那麼多了，她急切地需要到那裡去，她想：「只要能和電視台沾上邊，什麼困難都能克服！」

後來艾莉通過了面試，得到了這份工作。她在那裡工作了兩年以後，累積了豐富的工作經驗，當她再去應徵節目主持人的時候，順利通過面試，開始了新的職業生涯。又過了幾年，她得到機會，成為了一名知名的節目主持人。

坐等機會，創造機會，您究竟要如何選擇呢？也許一次正確的選擇，就將改變今後的人生。真正的強者不會等待機會，而是去努力尋找機會。在人的一生中，能夠獲得特殊機會的可能性還不到百萬分之一。這就要求每一個人都應該立即行動起來，去尋找機會，把握機會，把它轉變為成功，讓它去改變你的人生。

軟弱的人和遲疑不決的人總是藉口說沒有機會，他們總是在抱怨，總是在乞求機會。但其實，真正的機會就在我們身邊：每一次考試對於學生都是一個機會；每一位病人對於醫生都是一個機會；每一個客戶對於員工都是一個機會；每一次買賣都是一個機會……這一切都在於你自己。

生存的意義就在於奮鬥和不斷進取，創造機會，並利用每一次機會去充分施展自己的才華，向著成功的方向飛奔，追求心中的夢想。

強者尋找機會，創造機會，進而取得成功，盡享榮耀人生。弱者乞求機會，坐以待斃，導致機會從身邊溜走，因此自暴自棄，悔恨終生……

02 快魚吃慢魚，誰將被淘汰？

這個社會，是快魚吃慢魚，而不是慢魚吃快魚。

——佚名

當今社會競爭激烈，快魚吃慢魚，如果在與別人的競爭中處於下風，就有可能面臨被淘汰的危險。快魚法則是美國思科公司總裁約翰·錢伯斯總結出來的，他在談到新經濟的規律時說，現代競爭已「不是大魚吃小魚，而是快魚吃慢魚。」在競爭激烈的今天，快魚吃慢魚已成為一條盡人皆知的社會規則，如果你不去適應它，就會被社會所淘汰。

海底世界之大魚吃小魚，在看似風平浪靜的大海裡，卻隱藏著與人類世界相同的境遇。海底生物在弱肉強食的競爭下，用以大吃小的方式而獲得生存的法則。但是，在當今社會的市場競爭中，有時不論大小，「快魚吃慢魚」的事時有發生。要想生存，就要懂得快魚吃慢魚的社會規則，它也是激勵自己不斷進步的動力。

那麼如何成為快魚呢？最重要的一點就是做事不猶豫。姜太公說過：「用兵之害，猶豫最大。三軍之災，莫過狐疑。」實際上，日常做事也是如此。猶豫不決，當斷不斷的禍害，不僅僅表現在戰場上，還反映在現代社會的職場競爭中。因此，斬釘截鐵、堅決果斷，已成為現代職場人成功的祕訣之一。

當然，這裡說的當機立斷，首先指的是認準行情、深思熟慮後的果敢行動，不是心血來潮或憑意氣用事的有勇無謀。有時，按兵不動或必要的撤退也是一種果敢的行為，該等待觀望時就應按兵不動，該撤退時就要撤退，這也是一種當機立斷的行為。而這種當機立斷，就是快魚法則的最明顯的一個特徵。

快魚吃慢魚，速度最重要。獵豹要捕獲獵物，必須具有比對手更快的速度，否則它將被自然無情地淘汰。

有一位電信業的高階主管說過：「如果你介紹一位做好五年發展計劃

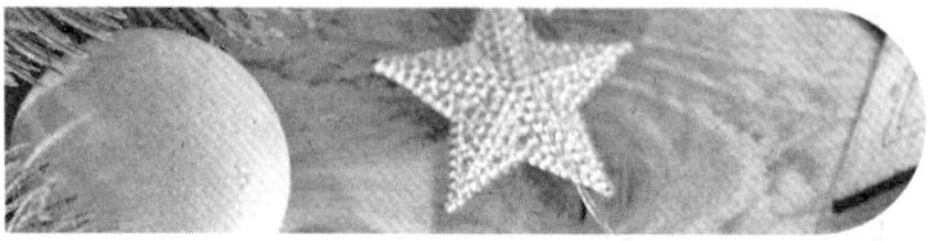

成功不難 貴在用心

的人給我，那麼，我將告訴你這個人對未來根本沒有計劃。」市場的遊戲規則在於速度，在幾個星期或幾個月內進入市場，而不是一年，要比其他人更快地行動。

當今社會競爭激烈，每個人都面臨「快魚吃慢魚」的生存挑戰。因此，慢魚必須變成快魚，而快魚要想不被更快的魚吃掉，只有使自己變得更快。要成為優勝者，必須提高自己的效率，這樣才能不被淘汰，才能不斷超越。

快魚吃慢魚強調了對市場機會和客戶需求的快速反應，但決不是追求盲目擴張和倉促出擊，正相反，真正的快魚追求的不僅是快，更是準，因為只有準確地把握住市場脈搏，瞭解未來技術或服務的方向後，快速出擊才是必要而有效的。

相反，有些做事總喜歡拖拖沓沓的人則會被淘汰。在職場中，我們常常可以看到交代某人辦的事，三五天沒回音，甚至拖上十天半月沒做的也不罕見。這樣的工作效率怎能適應競爭激烈的社會！今天的事今天完成，絕不拖到明天去做！今天沒做完，想辦法，就算犧牲休息時間加班也要做完，因為這是自己份內的事，必須要有強烈的責任心！

《不折不扣的執行》一書中有這樣一句話：「執行慢半拍，煮熟的鴨子也會飛。」比如信息宣傳工作就是這樣，如果信息不及時發出，新聞就成了舊聞，哪家媒體會刊登舊聞呢？聰明人雷厲風行，糊塗蛋事後懊悔。只有遵循「快魚法則」才能在激烈的競爭中脫穎而出，成為一個優秀的人、一個傑出的人。誰如果事事慢人一步，那他面臨的只能是被淘汰或被吃掉的命運。

的確如此，「食物」總是被搶先一步的「快魚」吃到，而「慢魚」只好在一旁眼巴巴地看著「吞口水」。讓我們來看一個案例：

一九六五年的一天，加拿大議會通過決議，將「楓葉旗」定為加拿大的國旗。第三天，日本、台灣廠商趕製的楓葉小國旗和帶有楓葉標誌的各種玩具，就已橫渡大洋到達加拿大，很受社會各界人士歡迎，銷路大暢。而本應「近水樓台先得月」的加拿大廠商，卻「一覺醒來」為時已晚、坐失良機。原來，日本、台灣的廠商在決議通過之前，早已摸準內情，搶先生產出口。

快魚法則不僅適用於企業，對於職場人士也是如此。如果不能提高自己，原地踏步，那麼必將被後面的新人超越，繼而被淘汰出局。因此，為了生存，為了擁有更好的前途，每個人都必須不斷提高，不斷進步，以免成為一條被「快魚」吃掉的「慢魚」。

快魚吃慢魚，下一個淘汰誰？希望那個人不會是你。

03 奏出生命最強音

你們認為我是命運之子：實際上，我卻在創造著自己的命運。

——愛默生

我命由我不由天！世間沒有命運之子，每個人的命運都要靠自己去創造。生活：生下來，活著……生而平等，一切外部因素都是藉口。出生時一無所有，人生之路充滿艱辛，成功後盡享榮華。

為了生存，我們不得不奮力打拼；為了更好地生活，我們不得不選擇堅持。不要相信命運，未來掌握在自己手中。未來的一切都是未知數，只有不斷拚搏，才能改變命運，擊破一個個宿命。

威廉先生是一家公司的董事長，他和多數人一樣，從一個默默無聞的小職員做起，經過多年的奮鬥，終於擁有了自己的公司、辦公大樓，並且贏得了人們的尊敬。

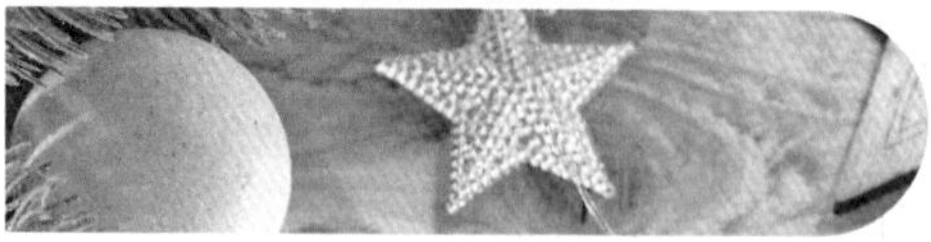

成功不難　貴在用心

一天，威廉先生走在街上，聽見身後傳來「嗒嗒嗒」的聲音，那是盲人用竹竿敲打地面發出的聲響。威廉先生愣了一下，緩緩轉過身。原來這個盲人靠賣打火機維生，他感覺前面有人停下來，便趕忙上前說道：「尊敬的先生，打火機只賣一美元，請買一個吧。」威廉先生聽後掏出一張鈔票遞給盲人，然後說道：「我不抽菸，但我願意幫助你。」

盲人接過錢，用手摸了一下那張鈔票，竟然是一百美元！

他用顫抖的手反覆撫摸著這張百元美鈔，嘴裡連連感激著：「您真是太慷慨了！」威廉先生笑了笑，正準備走了，盲人拉住他，又喋喋不休地說：「您不知道，我並不是一生下來就瞎的。都是因為一次可怕的事故，太可怕了！」威廉先生心中一震，問：「你是在那次化工廠爆炸中失明的嗎？」

盲人連連點頭：「是啊是啊，您也知道？」

盲人想要以自己的遭遇感動威廉，希望可以多得到一些錢：「您不知道當時的情況，火一下子冒了出來。逃命的人都擠在一起，我好不容易衝到了門口，可是一個大個子在我身後大喊：『讓我先出去！我還年輕，我不想死！』他把我推倒了，踩著我的身體跑了出去。就這樣，我失去了知覺，等我醒來時就什麼都看不見了，命運真不公平啊……」

威廉先生沉默了一陣，冷冷地說道：「我想，你記錯了吧！事情恰好相反。」

盲人一驚，用空洞的眼睛呆呆地對著威廉先生。

威廉先生一字一頓地說：「是你從我身上踏過去的，你的個子比我高，你說的那句話，我永遠都忘不了！」

盲人呆站了好長時間，突然一把抓住威廉先生，爆發出一陣大笑：「這就是命運啊！不公平的命運！你現在出人頭地了，而我卻成了一個沒用的瞎子！」

威廉先生用力推開盲人的手，舉起手中一根精緻的棕櫚手杖，平靜地說：「你知道嗎？我也是一個盲人。你我不同之處就在於：你認命了，而我卻不相信命運。」

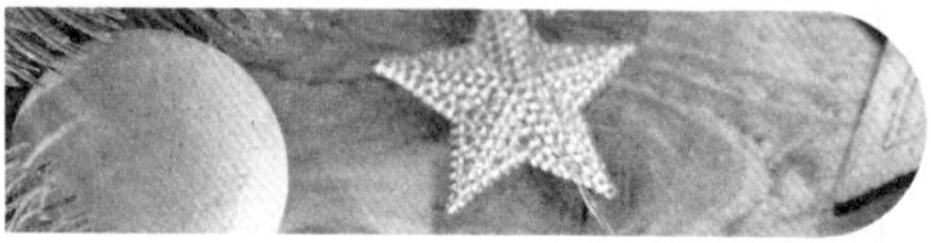

成功不難 貴在用心

我命由我不由天！生活對每個人都是公平的，面對命運，是選擇抗爭，還是就此屈服，它將決定你的人生。只有不相信宿命的人，才能創造奇蹟。

「我的一小步，是人類的一大步」。這是世界上第一個登上月球的人阿姆斯壯留下的名言，這句話連同阿姆斯壯本人必將名留青史，被世世代代的人們所銘記。但是，美國太空總署的工作人員都知道，他在月球上的第一句話其實不是這句，而是下面的這句話：「願上帝保佑華生先生！」

幾十年來，很多人想盡辦法要知道這句話到底是什麼意思，可是阿姆斯壯卻不願透露。直到後來華生先生過世，他才終於說出了其中的祕密。

原來，這位華生先生是他的鄰居。阿姆斯壯小時候在玩耍時，不小心把皮球掉到華生家裡，他只好偷偷爬牆進去撿球。

進去的時候，正巧聽到他們夫妻在吵架，華生太太非常憤怒，正在大罵華生，其中這樣說道：

「你這輩子不要再上我的床了！除非……」

「除非……」

「除非，隔壁的阿姆斯壯那個小子能夠在月球上漫步！」

這是這句話，成就了歷史上最偉大的太空人！

擁有創造未來的信念與勇氣，加上不懈奮鬥，每個人都可以改變自己的命運，開創精彩的未來！

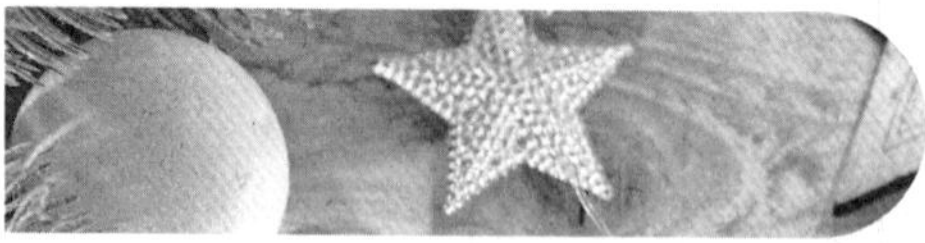

04 社會新鮮人的通病

自命大才小用，往往眼高手低。

——英國諺語

對於初入社會的年輕人來說，最忌諱的就是眼高手低的浮躁心態。年輕人初入職場，尤其是大學生，他們雖然對工作發展有較強的掌握能力，但普遍存在「眼高手低」的現象。

導致這一狀況的首要原因，是「自我認識不清，角色定位不準」，其他還包括「對自身素質認識不清」、「學校教育中實踐能力培養不夠」、「學校教育與社會需求脫節」、「家庭溺愛」、「享樂主義的影響」和「自負」等等。

大學只是一個傳授知識的地方，是培養人才的搖籃，但由於現行的教育制度與社會需求嚴重脫鉤，大學生畢業後很難達到用人單位的要求，而他們又不願意選擇那些可以鍛鍊工作能力的小企業，結果遲遲找不到工作。其中的原因，就是因為眼高手低的浮躁心態。

現實生活中，許多大學生都存在這樣的錯誤認知，以為自己念過大學就高人一等，定位過高，把自己看做是不可多得的人才，不肯屈尊，放低架子。這部分學生心態浮躁，高不成低不就，寧可去大公司當小職員，也不肯去小企業鍛鍊深造。

有過領導經驗的人都知道，眼高手低者不能重用。現實生活中眼高手低的人不在少數，這種人總想著做大事，而不屑於基礎工作。即使勉強做了，也很不情願，心理上覺得不舒服。這種連小事都幹不好的人，怎麼能成大事呢？所以，這種人從來不會被委以重任，他們也只是抱怨連連。一屋不掃何以掃天下，沒有點滴的累積怎能達成目標。

東漢時有一少年名叫陳蕃，自命不凡，一心只想做大事業。一天，其友薛勤來訪，見他獨居的院內齷齪不堪，便對他說：「孺子何不灑掃以待賓客？」

他答道：「大丈夫處世，當掃天下，安事一屋？」

薛勤當即反問道：「一屋不掃，何以掃天下？」陳蕃無言以對。

陳蕃欲「掃天下」的胸懷固然不錯，可惜的是他沒有意識到「掃天下」正是從「掃一屋」開始的，「掃天下」包含了「掃一屋」，而不「掃一屋」是斷然不能實現「掃天下」的理想的。

在我們身邊，不乏眼高手低者，他們不屑於掃一室，而天天夢想著幹大事，尤其是初入職場的年輕人常常對事務性的工作不屑一顧，認為自己是學什麼專業的，做這些繁瑣的工作是大材小用，委屈了自己，結果真正給他重要事情做的時候，又沒有能力做好。

隨著社會經濟的高速發展，人們的收入不斷增加，收入差距也在不斷拉大。競爭越來越激烈，社會階層也明顯地劃分了出來，金錢的作用凸顯，精英白領成為各大公司爭搶的對象，在這樣的一個社會大背景下，年輕人尤其是大學生們長期被這種思維影響，認為當不成白領就是沒面子。殊不知，現階段大學生已經不再是「一將難求」，而是「千軍易得」了。在面對這樣的情況時，很多畢業生依然不能夠明辨是非，眼高手低的心態依然阻礙他們獲得第一份工作。

年輕人，尤其是明星學校的畢業生出現這種高不成低不就的局面，主要是他們的心理上存在著錯誤的見解，他們心態浮躁，存在著急功近利的思想，甚至一部分人好高騖遠，目空一切，但能力卻還不足。如果不能及時調整心態，正確認識自己，給自己一個合理定位，他們將錯過很多寶貴的工作機會。

作為初入職場的年輕人來說，要清楚地認識到學歷不等於能力。學歷只是知識的一種象徵，是一塊敲門磚，而工作經驗才是成功的保證，只有擁有學歷和能力的人，才算是一個合格的社會人才。

現代年輕人要放棄手高眼低的心態，放下虛榮心，樹立正確的擇業觀，給自己合理定位，並堅信是金子總是會發光的。不斷累積經驗，不斷學習，你就一定會獲得理想的工作，成為一名真正的人才。

05 不放棄的狼族精神

如果你陷入艱難的境地，一切都有跟你作對，你似乎再也撐不下一分鐘，千萬不可放棄，因為那正是時勢扭轉的關鍵時刻與境地。

——哈里特·畢卻·史多

狼族在草原上被譽為「草原戰神」，但牠們並不是戰無不勝的。一項對狼的研究顯示，狼群在十次狩獵中只有一次是成功的。然而正是這十分之一的成功決定了狼群的生存。

狼群為了十分之一的機會而拼盡全力，牠們在失敗的時候絕不會低頭認輸，絕不會放棄；相反，狼會很快地重新振作精神，投入新一輪的捕食中。狼群忍受著時間和飢餓的考驗，從暫時的失敗中吸取教訓，深信勝利總會來臨。在狼族的字典裡沒有「放棄」兩個字。

對生命的獎賞永遠都不會在起點附近，而在那未知的旅途終點。沒有人知道要走多少步才能達到目標，踏上第一千步的時候，仍然可能遭到失敗。但成功就藏在拐角後面，除非拐了彎，否則永遠都不會知道還有多遠。

再前進一步，如果沒有用，就再向前一步。事實上，每次進步一點點並不太難。只要你的心中有一個永不放棄的信念，它就會帶你看到成功的曙光！

有兩個探險者迷失在一望無際的沙漠裡。因為長時間的缺水，他們的嘴唇裂開了一道道的血口，如果繼續下去，兩個人只能活活渴死！

一個年長一些的探險者從同伴手中拿過空水壺，鄭重地說：「我去找水，你在這裡等著我吧！」接著，他又從行囊中拿出一支手槍遞給同伴說：「這裡有六顆子彈，每隔一個時辰你就開一槍，這樣當我找到水後就不會迷失方向，也就可以循著槍聲找到你。千萬要記住！」同伴點了點頭。

時間一分一秒地在流逝，槍膛裡的子彈只剩下了最後一顆，去找水的人卻還是沒有回來。「他一定被風沙湮沒了，或者找到水後撇下我一個人走了。」年紀較小的探險者焦灼地等待著。飢渴和恐懼伴隨著絕望如

成功不難 貴在用心

潮水般地充盈了他的腦海，他彷彿嗅到了死亡的味道，感到死神正面目猙獰地向他緊逼過來……他扣動扳機，將最後一粒子彈射進了自己的腦袋。然而，就在子彈穿過他的腦袋的那一剎那，同伴帶著兩大壺水匆匆趕了回來，但他卻再也看不到了。

因為放棄了堅持，年紀小的探險者也同時放棄了自己的生命。很多時候，在我們人生的道路上，面對困難和挫折，我們能夠咬著牙堅持著熬過最漫長最艱難的時刻；可是當成功將要與我們伸手相握的時候，卻因為我們最終的放棄，便與之擦肩而過了。

困難的時刻，絕望的時刻，千萬別輕言放棄，堅持再堅持。只要你永不放棄，就連死神都會離你而去，因為死神最害怕聽到咬緊牙關的咯咯聲。

永不放棄的狼族精神就是不放棄生存的權力，不放棄求生的機會。面對視死如歸的勇者，死神也會退避三舍；眼前如果是主動繳械的弱者，魔鬼就會步步進逼。

永不放棄，即使身處絕境，也要凝聚起體內的全部力量，做最後的拚殺。為了生存，為了美好的生活，每個人都沒有權利放棄，必須選擇堅持，唯有如此才能擺脫困境，獲得成功。

職場如戰場，變幻莫測，也許這一秒你還是春風得意，志得意滿，下一秒就被炒了魷魚，或是打入冷宮。這就是職場，為了生存，你不能抱怨，不能放棄，而是要勇敢地戰鬥，為了幸福的生活而辛苦打拼。

也許你的工作一直沒有起色，也許你長久以來得不到老闆的青睞和重用，那麼，失意的你該如何選擇呢？堅持或放棄？這是一個沒有選擇的問題。

傑克任職於美國一家知名保險公司，在其工作的最初階段，他四處去拉保險業務。但不幸的是，成績始終是一片空白。可是，傑克絲毫沒有氣餒，每天下班後，即使再累、他也要一一寫信給自己白天訪問過的客戶，感謝他們接受自己的拜訪，並希望他們能夠加入到投保行列中。信中的每一句話都顯示出他的真誠，讓人不忍拒絕。

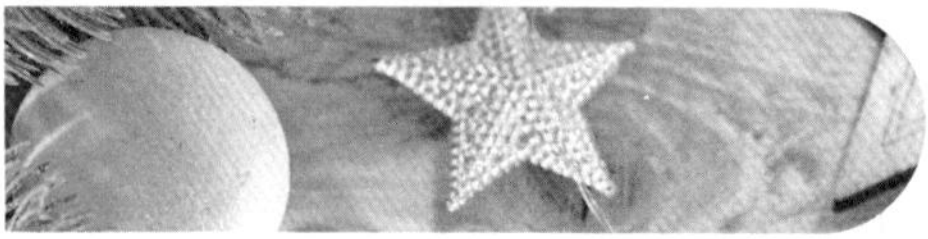

成功不難 貴在用心

不過，兩個月過去了，傑克還是沒有拉到一個客戶，他的上司臉色也越發難看，催促得越來越緊。這終於讓傑克對自己產生了懷疑，他在日記中寫道：「從前，我認為只要一個人認真、努力地去工作，就能做好任何事情。但是這一次，我真的錯了。因為事實顯然並不是這樣的！我每天辛辛苦苦地到處跑，可是結果呢？已經兩個月過去了，我竟然連一個客戶也沒有拉到。唉！看來保險工作並不適合我，或許我該考慮換一個工作。」

看到傑克萌生退意，他的妻子勸他說：「再堅持一下，堅持下去就有希望。」於是，他聽從了妻子的勸告，繼續堅持了下去。

又過了兩個禮拜，傑克要去見一個客戶，對方是一個小學的校長。而傑克要做的，就是說服他，讓他的學生全部投保。然而校長對此卻絲毫不感興趣，一次次把他拒於門外。當傑克一連兩個月跑到校長辦公室的時候，校長終於為他的誠心所感動，同意全校學生都買他的保險。

傑克終於成功了，正是不放棄的信念使他後來成了一名很有名氣的保險推銷員。

擁有狼性的堅韌和永不放棄的精神，應該是每一名身在職場的人所必備的。一個人要想完成任何事情，都要能夠堅持下去，只有堅持才能換來成功。如果你堅持著不放棄，那即使前面的山再高，你也可以一步一步地跨過去，去看山後美麗的風景。

永不放棄，你的人生會因堅持而改變；永不放棄，你的生命會因堅持而精彩繽紛。

06 積極與消極：不一樣的生存智慧

積極的人在每一次憂患中都看到一個機會，而消極的人則在每個機會裡都看到某種憂患。

——佚名

積極與消極，不一樣的生存智慧。積極的人看到光明，心懷希望，期盼未來；消極的人則被暗霧籠罩，內心陰鬱，迷失自我。

為了生存，我們只能也必須以積極的心態去面對，因為消極者必定被社會所淘汰。現實生活中，大多數人都渴望成功，渴望實現自己的價值，但最終一些人成功了，一些人則失敗了，從結果來看，你會發現凡是成功者無不具有積極的心態，而失敗者則都被消極心態所擾。

消極心態是失敗者的心態，它的破壞力驚人：一旦被消極心態所束縛，你的生活就將失去歡聲笑語，健康也會受到影響。消極心態讓身邊的人離你而去，因為和你在一起沒有快樂，只有無盡的煩惱。

積極還是消極？一切都取決於你。同樣是半瓶水，你為什麼看到的是空的那部分，而沒有看到有水的那部分？如果一個人整日充斥著消極的思想，積極的思想就會越來越少。只有讓積極的思想變得越來越多，才會抵消腦海中消極的部分。

那些憂鬱消極的人，天天都認為生活不夠完美，他們感歎世間沒有完美的東西，因此天天都是鬱悶的心情，天天陰沉著一張臉。這樣的人，因為經常處在憂鬱消極的思想裡就很難快樂起來。相反，我們身邊那些活潑開朗的人，他們每天都面帶笑容，充滿快樂，給自己帶來快樂的同時也給別人帶來歡樂。積極與消極，只是看待事情的角度不同。

有這樣一個故事：

為了生計，有兩個年輕人從農村來到了城市謀生。其中悲觀消極的人認為：這裡連水都要花錢買，我根本就無法在這裡生活。他嚇得離開了城市回家種地去了。

而另一個積極樂觀的人卻認為：這裡連水都可以賣錢，我肯定能在這

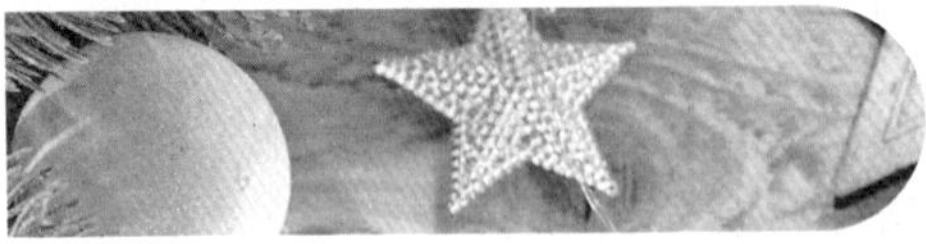

成功不難 貴在用心

裡賺到大錢。

後來，積極樂觀的年輕人賺了大錢，開創了自己的事業，而悲觀消極的年輕人則一生都在田裡種地。

為了生存，就要積極地面對人生中的各種挑戰，當你戰勝這些困難之時，也就得到了歷練，具備了各種優秀素養，成功也就隨之而來。

積極的人就要有積極的心態，下面的十種心態屬於積極生活的人：

一、平常心態。平靜地接受一切事實，既然有些事無法改變，那就學會適應。

二、感恩心態。感謝生命中對你有所幫助的人，感激身邊的人和事，感激美好的人生。

三、知足心態。知足常樂，人生皆福。知足進取，人生得以圓滿。不懂知足的人，永遠感受不到幸福。

四、分享心態。懂得分享的人是快樂的，自私的人一生孤獨。

五、冒險心態。敢於冒險，敢於創新，尋找生命的激情，人生原本就是一次充滿挑戰的冒險之旅，敢於冒險的人才能享受其中的樂趣。

六、童稚心態。生活的磨礪使人們變得成熟，也使人們變得世故。保留一顆童心，給自己留一份快樂吧。

七、歸零心態。歸零心態就是把心裡的一切清空、一切歸於零的心態。放下內心的牽絆，將一切歸零，不僅能夠讓人冷靜下來，看清事物的本質，也是激勵人們不斷進取，重獲成功所必需的心理狀態。

八、服務心態。服務別人就是服務自己，只有發自內心去幫助別人，才能收穫快樂，成就人生。

九、雙贏心態。合作原則是成功的原則之一。雙贏心態就是利己利人的心態，就是為自己著想的同時而不忘他人的權益，使雙方都能受益。雙贏心態是達到合作的必有心態，也是走向成功的必由之路。

十、投資心態、投資就是將現有的資源投入到某一項目並從中獲得更大收益。投資心態就是相信自己所作的一切都會有回報的心態，擁有投資心態，你就能獲得豐厚的收益，生活自然會充滿快樂。

成功不難 貴在用心

而消極者看待人生的角度則不一樣，他們存在著幾種錯誤的人生觀：

一、如果在某件事情上失敗，就認定自己是個失敗者，從此一蹶不振。他們看不到事物積極的一面，不願意再次努力，而甘願接受並承認失敗。

二、不求改變。悲觀消極的人生活一成不變，他們甘願接受現有的一切，即使對現狀不滿，也不求主動改變，而是被動接受。

三、自認為能力不足。悲觀消極的人自認能力不足，總認為低人一等，因此總與成功無緣。

四、認為一切都已成定局，無法從頭開始。這是消極的人自我安慰的說法之一，認為歲數大了或是時機晚了，一切都已成定局而沒有重頭再來的勇氣。

五、接受宿命。悲觀消極的人總是認為命運不濟，而不從自身找原因。

六、沒自信，認為沒人相信自己。消極的人缺少自信，他們的話沒有說服力，往往抱怨沒人相信自己，其實在他們的內心深處，自己都不相信自己。

七、你永遠賺不到錢。和身邊的人比，自己總是收入最低的，而且認為永遠也不可能超過別人，因此破罐破摔，甚至連本職工作都做不好。

積極與消極：不一樣的生存智慧。為了更好的生活，每一個人都應該選擇積極面對人生，而非消極度日。命運掌握在自己手中，如何選擇，決定了你的一生。

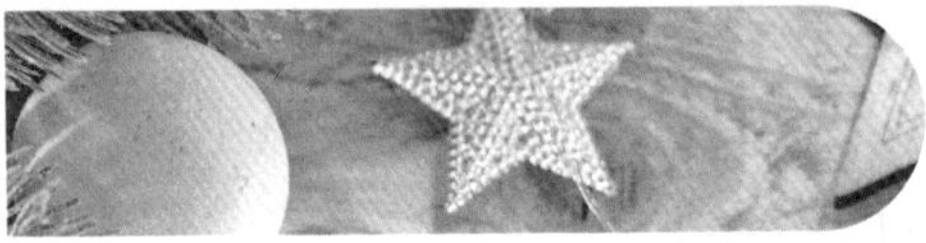

07 去適應環境而不是環境適應你

不能改變環境，就去適應環境。

——佚名

社會競爭是殘酷的，身處任何環境之中，都要學會適應，因為環境絕不會反過來適應你。我們知道，剛到一個新的環境，都需要一個適應過程。適應能力強的人會盡量縮短這個過程，而適應能力差的人則會延長此過程，而那些無法適應新環境的人只能離開。

新環境人生地不熟，彷彿一切都與我們格格不入。但過不了多久，我們便會對許多事習以為常。一個聰明的人，首先是一個適應性很強的人，他們首先想到的是適應而絕不是企圖改變環境，因為這樣的舉動是徒勞的，也是危險的，很可能造成適得其反的效果。

讓我們看一個故事：

在還沒有發明鞋子以前，人們都光著腳走路，不得不忍受著腳被扎被磨的痛苦。某個國家，有位大臣為了取悅國王，把國王所有的房間都鋪上了牛皮，國王踩在牛皮上，感覺雙腳舒服極了。國王因此下令把全國各地的路都鋪上牛皮。

眾大臣聽了國王的話一籌莫展，他們深知這比登天還難。即便殺盡國內所有的牛，也湊不到足夠的牛皮來鋪路，而且由此花費的金錢、人力更無法計算。

正當大臣們絞盡腦汁想辦法勸說國王改變主意時，一個聰明的大臣建議道：大王可以試著用牛皮將腳包起來，再拴上一條繩子捆緊，大王的腳就不會感到疼了。國王聽了很驚訝，便收回用牛皮鋪路的命令，採納該大臣的建議。於是，鞋子就這樣發明了出來。

努力去適應環境，不要讓環境適應你。改變能改變的，接受不能改變的。面對新環境，要努力去適應，因為妄圖改變環境往往是徒勞的。

還有這樣一個故事：

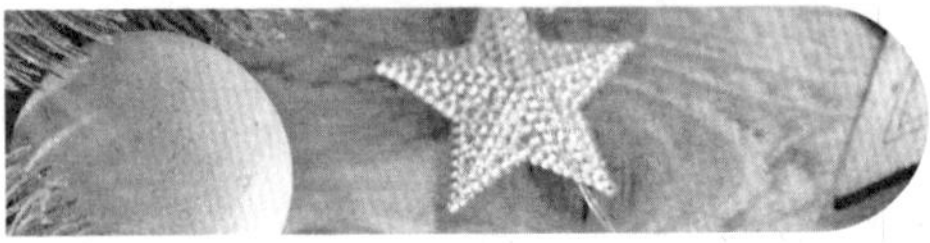

成功不難 貴在用心

有一隻烏鴉打算飛往東方，途中遇到一隻鴿子，雙方停在一棵樹上休息。鴿子見烏鴉飛得很辛苦的樣子，關心地問：「你要飛到哪裡去？」烏鴉憤憤不平地說：「其實我不想離開，可是這個地方的居民都嫌我的叫聲不好聽，所以我只好飛到別的地方去。」

鴿子好心地告訴烏鴉：「別白費力氣了，如果你不改變你的聲音，飛到哪裡都不會受歡迎的。」

對周圍的環境，要想改變難度極大，這時候我們應該經由改變自己來適應環境。路還是原來的路，境遇還是原來的境遇，而我們的選擇靈活了，路和境遇所給予我們的感受也就截然不同了。

人的生命就是不斷的適應與再適應。許多人去高原旅遊，剛下飛機，因為高原缺氧而頭暈頭疼，噁心嘔吐，但過不了幾天，一切就正常了，因為他已經適應了這裡的環境。因此，時間是最好的教練，教會我們適應一切環境的能力和本領。

心理學家哈博特·賽蒙有一次在沙灘邊觀察螞蟻時發現：為了適應

地形，沙灘螞蟻的巢穴相當複雜。經過研究和觀察，他發現儘管是同一種螞蟻，如果牠的巢穴在乾燥的地方，巢穴的結構就比較簡單。這是為什麼呢？哈博特．賽蒙認為，這是因為螞蟻對周圍的環境有一種本能的反應能力。為了在不同的環境中生存，螞蟻必須發展不同的能力。這種適應能力使得螞蟻在惡劣的環境中得以生存。

適者生存是永恆不變的真理，適應環境的能力在任何時候都非常重要。如果你想坦然地面對急劇變化的環境，就需要與現實環境保持良好的接觸，以客觀的態度面對現實，冷靜地判斷事實，理性地處理問題，隨時調整，保持良好的適應狀態。

每個人生活在社會這個大環境中，要面對許多陌生的小環境。如果遇到新環境都難以適應，都想要去改變它，那麼結局可想而知。適者生存，只有那些能夠適應社會競爭的人才會勝出，才會立於不敗之地。

面對錯綜複雜的社會，一個人就猶如滄海一粟，沙丘一粒，實在是太渺小，太微不足道了。因此，不要妄圖改變環境，這是很多能力出眾的人都無法做到的事。成功者之所以獲得成功，重要的一點就是他們能夠很快地適應新環境，融入新環境。

對新環境感到不適應是正常情況，這時不可抱怨環境，更不要妄圖改變環境。現實生活中，被動地去適應環境的現象很普遍。人類也正是因為擁有這種適應能力，才能生存下去。

要想生存，首先是適應，其後是發展，其實適應的本身也是一種發展。事實上，每個人在短暫的一生中都會面臨多次「適應」，因此，學會適應是我們必備的能力。如果不能適應環境，勢必會被社會所淘汰。那些妄圖讓環境適應自己的人，永遠都是失敗者。

成長的過程也是適應的過程，不放過任何鍛鍊的機會，才能一步步走向成熟。學會適應，愈挫愈勇，在適應的過程中磨煉自己，為了新生活不斷拚搏。

08 世上沒有絕望的處境

沒有絕望的處境，只有對處境絕望的人。

——哈爾西

沒有一帆風順的人生，就如同沒有不受傷的航船。每個人的一生都會經歷無數次逆境，有些時候我們會因此消沉，失去信心。一些人挺住了，成功了；一些人放棄了，失敗了。哀莫大於心死，一個人絕望了，放棄了，也就再也看不到希望。心如死水，周圍也就變得一片死寂。不是處境讓人絕望，而是心已死。

現實生活中，碰到棘手的問題，要冷靜思考，尋找出路。沒有過不去的坎兒。令你絕望的是心，而不是處境。禍兮福所倚，福兮禍所伏，關鍵是你怎麼看待它們。

加拿大物理學家羅伯特在進行環球考察時，來到智利北部一個十分

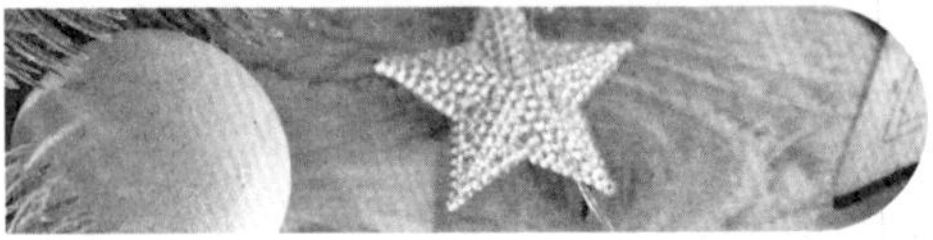

成功不難 貴在用心

乾旱而又荒涼的小村子。他發現一種奇怪現象：這裡除了蜘蛛沒有任何生物。蜘蛛四處繁衍，生活得很好，蛛網處處密佈。為什麼只有蜘蛛能在如此乾旱的環境裡生存下來呢？他借助電子顯微鏡，發現這些蛛網有很強的親水性，極易吸收霧氣中的水分。而這些水分，正是蜘蛛能在這裡生生不息的源泉。

我們生活在世界上，從來沒有真正的絕境，有的只是絕望的思維和處於絕望中的人。只要心不死，就會有生機，就會看到逐漸顯露的曙光。

沒有人願意遭遇絕境，但是絕境常常不邀而至。如何看待絕境，決定了你的成功與失敗。如果你從絕境中只能看到消極的內容，那麼你的路將會無比艱辛；如果你能讀出絕境中蘊含的積極意義——希望，你的前途將無比光明。

既然絕境已經存在，不可更改，就不要歎息，不要沮喪。絕境並不可怕，可怕的是面臨絕境後，屈服於現實，失去了東山再起的力量和勇氣。把絕境看做是希望，拿出置於死地而後生的勇氣與膽識，不斷追求探索，在絕境中就能看到光亮，找到出路。

心理學家曾做了一個實驗：把一隻小白鼠放進一個裝滿水的池子中間，這個水池雖然有些大，但依然在小白鼠的游泳能力可以達到的範圍之內。小白鼠落入水中，並沒有馬上游動，而是轉著圈子發出「吱吱」的叫聲，牠是在測定方位，牠的鼠鬚就是一個精確的方位探測器。

白鼠的叫聲傳到了水池邊，聲波又反射回去，被鼠鬚探測到。小白鼠借此判定水池的大小、自己的位置以及離水池邊緣的距離。然後，牠尖叫著轉了幾圈後，不慌不忙地朝選定的方向游去，很快就到了岸邊。

實驗並沒有結束，心理學家又把另一隻被剪掉鼠鬚的白鼠放到了水池中。不同的是，這隻小白鼠同樣在水池中轉著圈子，也發出「吱吱」的叫聲，但因為「探測器」已經被剪掉了，牠探測不到反射回來的聲波。幾分鐘後，筋疲力盡的小白鼠淹死在水池中。

關於第二隻小白鼠的死，心理學家這樣解釋：鼠鬚被剪，小白鼠無法準確測定方位，看不到其實很近的水池邊沿，以為自己是無論如何也游不

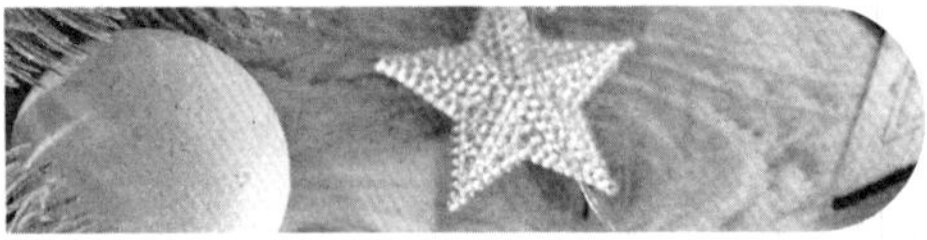

成功不難 貴在用心

出去了，因此停止了一切努力，放棄了生命。

心理學家最後得出結論：當生命徹底無望時，動物往往強行結束自己的生命，稱之為「意念自殺」。被剪掉鼠鬚的小白鼠喪生水池，但不是被水淹死的，而是產生了絕望的念頭，放棄了生命。不可否認，這樣的悲劇不僅僅發生在小白鼠和其他動物身上，也經常發生在人類身上。

對於意志薄弱的人來說，絕境即死地；但對那些懷有堅定信念和遠大抱負的人而言，絕境只不過是眼前必須跨越的一個個險境，他們戰勝一個個絕境，進而贏得真正的人生。

佩奇·皮特是美國馬塞爾大學傳播學系的教授，五歲時皮特便失去了大部分視力，只能微微看到亮光。雖然皮特將近失明，但他沒有放棄，而是選擇與近乎絕望的人生抗爭。

皮特拒絕進入殘疾人學校，並爭取到了公立學校的就讀機會。他參加壘球隊時，擔任第一壘，憑著壘球在草上呼嘯的聲音設法捕捉低球；他打橄欖球時擔任二線攔截；他就讀大學和研究院時，經常請同學唸書給他聽；當他成為大學教授後，又贏得了頂級優秀教授的美譽。

一天，一名冒失的學生問皮特教授，什麼是最糟糕的傷殘，是失明還是失聰？是缺手還是缺腿？抑或其他？當時，教室內頓時瀰漫著一片凝滯且不祥的肅穆。而皮特嚴肅地說：「這些都不是，絕望才是真正的傷殘！」

每個人都有可能經歷絕境，當我們遭遇絕境時，是無助地祈禱，等待他人的救助，還是任憑絕境將我們壓得頭破血流直至死地？都不是！我們要扼住絕境的咽喉，以勇士的姿態誓死拚搏，衝出困境，重新迎來生命的綠洲。

陸游在《遊山西村》一詩中寫道：「山重水複疑無路，柳暗花明又一村。」這句流傳千年的古詩之所以能夠歷久彌新，就是因為它讓人們從中看到希望。絕望之時往往是希望的開始，危機的盡頭必將迎來生機。

在美國阿拉巴馬州恩特曾穎鎮的公共廣場上，矗立著一座高大的紀念碑。碑身正面有這樣一行金色大字：深深感謝象鼻蟲在繁榮經濟方面所做的貢獻。

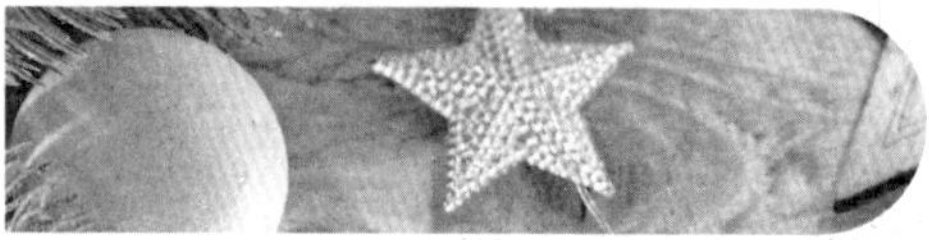

成功不難　貴在用心

這要從一場災難說起……

一九一〇年，一場象鼻蟲災害狂潮般地席捲了阿拉巴馬州的棉花田，棉花毀於一旦，棉農們欲哭無淚。

災後，世世代代種棉花的阿拉巴馬州人，認識到僅僅種棉花是不行了，於是開始在棉花田里套種玉米、大豆、菸葉等農作物。結果，種多種農作物的經濟效益比單純種棉花要高四倍。阿拉巴馬州的經濟從此走上了繁榮之路，人們的生活也越來越好。當地人們認為經濟的繁榮應該歸功於那場象鼻蟲災害，遂決定在當初象鼻蟲災害的始發地建立一座紀念碑。

一花隕落，還有整片原野。一水乾涸，還有整片海洋。世上沒有絕望的處境，只有處於絕望的人。只要心不死，前面的路將是一片坦途。

親愛的朋友，如果你的人生之帆正經受著暴風雨的襲擊，請不要絕望，因為彼岸就在前方；如果黑暗使你在人生的大海中感到恐懼，請不要絕望，因為心燈不滅，便會抵達心中的遠方。

09 苦難既存，我們勇敢面對

生存還是死亡，這是個問題。

——莎士比亞

生存即苦難的觀點有些過於悲觀了，其實意在告訴人們面對艱辛的生活，只有正視它們，敢於與其抗爭，才能得到想要的生活，超越苦難，迎來生命的輝煌。

人生苦短，風雲難測，常人難以想像海倫．凱勒在漆黑的世界度日如年的感受，難以窺探貝多芬失去聽力時最初的心境！病魔束縛了霍金的身體，卻不能束縛他睿智的思緒；智能障礙阻礙了舟舟的發育，而音樂王國裡卻飄灑著靈動的音符。生存有時是痛苦的，苦難卻有其非凡的意義，生命在抗爭中贏得尊嚴，超越苦難，輝煌盡顯！

中國汶川可怕的地震讓人們久久難以忘懷，而一位名為康潔的女孩更

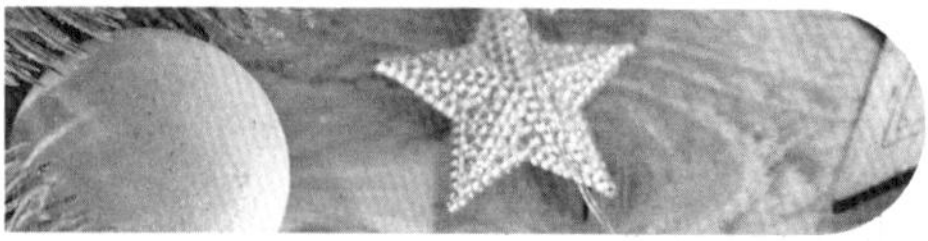

是讓人看到希望。

據康潔自述，地震時她正在學校六樓上課。劇烈晃動時，她想：不能死在這裡，要搏一下。於是她從樓上縱身躍下。

她清楚地聽到，身後有同學驚呼：「康潔跳出去了。」

她往樓下的農田跳去。落地時，康潔被彈了起來。不可思議的是，她竟然沒怎麼受傷。這時樓已塌成了三層，師生們在呼救。更令人感動的是，康潔站起來之後，竟毅然重返教學樓，去幫助老師和同學們。

此時餘震又起，危急關頭，她又從「三樓」縱身躍下。結果，除了在救人時腿上被劃了一條大口子，基本沒什麼大礙。

另外，還有一個倖存的孩子，就是人們熟知的「可樂男孩」。在被埋了八十個小時後，孩子被救援人員找到並準備送往醫院，這時男孩的一句話感動了大家：「叔叔，我想喝可樂。」

大家紛紛說：「好，拿給你可樂。」

誰知男孩又說：「要冰的。」

大家馬上又應道：「好，拿冰的。」現場的人們被逗樂了，但心中卻充滿了感動。兩個孩子面對突如其來的災難，他們的勇敢與樂觀感動了世人。面對困難，他們沒有逃避，而是選擇樂觀面對。

沒有一帆風順的人生，苦難也是人生變奏曲中不可跳過的一章。巴爾扎克說過：「苦難是人生的老師，是人生的新起點。」沒有苦難的生活是幸運的，也更是蒼白單調的，空虛脆弱的。只有歷經苦難，才能懂得生活的艱辛，才能珍惜擁有的一切，感受生活的幸福。

苦難是人生最好的大學，它讓我們懂得如何珍惜擁有的一切，享受當下的生活。苦難激勵我們為改變現狀而努力，等到戰勝苦難的那天，你會發現生活原來如此的美好！

一位巴勒斯坦詩人曾寫過：「作為巴勒斯坦人，苦難已成為我們生活的一部分。我們在苦難中生存，但我認為我們不應該原本是為了苦難而生存。對於生命，有比苦難更多的東西。」

人類從呱呱落地的那一刻起，就開始了生命季節裡的徘徊，開始了新

成功不難 貴在用心

長征路上的生存。隨著年齡的增長，生存的壓力也隨之增加。面對殘酷的競爭，只有選擇堅強面對，你才能成為生活的強者。退縮、放棄都意味著淘汰、滅亡，一個不敢面對苦難的人，注定在殘酷的社會競爭中倒下，成為懦弱的失敗者。人的生存受環境制約，我們卻要做環境的主人。生活中少不了坎坷，但我們絕不能因此迷失。戰勝苦難，學會生存，勇敢超越：水中的魚兒不超越，怎能進化為較為進步的兩棲動物呢？陸地上的脊椎動物不超越，也不能變成鳥類。上天永遠不會偏愛那些雙手合十、虔誠祈禱的人，而樂於把機遇留給勇於超越的人。

生存即苦難，只有選擇面對。如果在苦難面前懦弱，表現得悲觀消極，終將成為生活的失敗者。有些人面對苦難怨聲載道，有些人面對苦難堅持不懈。前者倒在整日喋喋不休的抱怨中，後者成為生活的強者。

為了生存，為了更好的生活，讓我們擺脫苦難的束縛，堅強地面對世事，努力拚搏，為了自己的一席之地奮力打拼。人生就是在不斷拚搏中彰顯榮耀，人性正是在不斷超越中盡顯堅韌。

Chapter 2

看淡名利，享受當下生活

名利如煙雲，生不帶來，死不帶去。人生一場夢，夢醒時終歸要赤裸裸地離開人間，不可能把一生累積的物質財富帶進墳墓。

名與利乃身外之物，只有看淡名利，才能得到幸福，享受當下的生活。

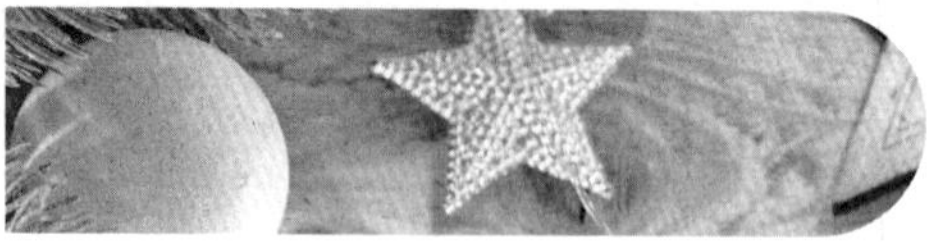

01 窮，不是沉淪的藉口

貧窮本身並不可怕，可怕的是自己以為命中注定貧窮或一定老死於貧窮的思想。

——富蘭克林

顧城在一首詩中寫道：「窮，有個涼涼的鼻尖」。或多或少地反映了現實的無奈。的確，貧窮讓人沮喪，貧窮使人喪失希望，貧窮甚至可以毀掉一個人。

生活中，一些非常貧困的人生活狀況惡劣，意志消沉，他們抱怨連連，認為貧窮就是他們的命運。難道這是命運的不公？不可否認，每個人生下來的環境是不一樣的，但這絕不是沉淪的藉口。

俗話說：可憐之人必有可恨之處。貧窮的人往往抱有消極的人生觀，他們懶惰，虛度人生，不求上進，對自己不負責任。每天靠別人的施捨過日子，一生就生活在貧窮之中，他們總是對社會不公，對社會不滿，對朋友不諒解，對生活抱怨，痛恨。

他們往往一生都在責怪別人，認為自己之所以貧窮是因為別人不幫助他們，社會不關心他們，所以才導致他們今天的現狀。這些人把責任全部歸咎於人，而不從自身尋找原因。結果，造成了他們貧窮的生活狀況。

難道這是命運的安排嗎？絕不是！是因為他們向貧窮妥協了。貧窮並不可怕，並不是每個人都生在優越的環境中，更多的人依靠個人的努力而致富，他們深知貧窮的可怕，一心擺脫窮困的生活，所以他們不斷奮鬥，憧憬美好的生活，他們絕不向貧窮妥協！

晉代時，車胤從小好學不倦，但因家境貧困，父親無法為他提供良好的學習環境。為了維持溫飽，家裡沒有多餘的錢買燈油供他晚上讀書。為此，他只能利用白天這個時間背誦詩文。

夏天的一個晚上，他正在院子裡背一篇文章，忽然見許多螢火蟲在低空中飛舞。一閃一閃的光點，在黑暗中顯得有些耀眼。他想，如果把許多螢火蟲集中在一起，不就成為一盞燈了嗎？於是，他去找了一只白絹布袋，隨即抓了幾十隻螢火蟲放在裡面，再綁住袋口，把它吊起來。雖然不怎麼明亮，但可勉強用來看書了。

從此，只要有螢火蟲，他就去抓一把來當燈用。由於他勤學苦讀，後來終於做了職位很高的官。

同朝代的孫康情況也是如此。由於沒錢買燈油，晚上不能看書，只能早早睡覺。他覺得讓時間這樣白白浪費掉，非常可惜。

一天半夜，他從睡夢中醒來，把頭側向窗戶時，發現窗縫裡透進一絲光亮。原來，那是大雪映出來的，可以利用它來看書。於是他倦意頓失，立即穿好衣服，取出書籍，來到屋外。

寬闊的大地上映出的雪光，比屋裡要亮多了。孫康不顧寒冷，立即看起書來，手腳凍僵了，就起身跑一跑，同時搓搓手指。此後，每逢有雪的晚上，他就不放過這個好機會，孜孜不倦地讀書。這種苦學的精神，促使他的學識突飛猛進，成為飽學之士。

還有一個故事：

左拉是法國著名作家，但他的童年卻是在貧困中度過的。年輕時的左拉很窮。為了抵擋飢餓，他拿捕雀器在屋頂上捉麻雀，用掛窗簾的鐵絲將麻雀串起來在火上烤著吃；為了堅持寫作，他把僅有的幾件衣服也送進了當鋪，只能用被子來禦寒。偶爾得到一個蠟燭頭，他竟會如過節似的高興，因為夜裡可以讀書寫作了。正是貧窮磨礪了他的意志，他終於寫成了轟動一時的《盧貢．馬卡爾家族》。

有些人面對貧窮時會一蹶不振，有些人卻能以貧窮為動力，實現自己的目標。貧窮與富有，關鍵在於你自己。

一位富甲一方的企業家到西南某省的一個貧困地區考察。當他目睹當地一戶貧窮人家吃飯的情形時，禁不住直落淚。原來這戶人家全家老小吃飯、盛飯的碗，竟是幾個破得不能再破的陶罐，更讓他吃驚的是全家連一雙筷子也沒有，吃飯都是直接用手抓。

心生憐憫的企業家非常同情他們，便許諾給這戶人家物質的幫助。可是，當他走出那戶人的家門後，又馬上改變了主意。因為他看到這戶人家

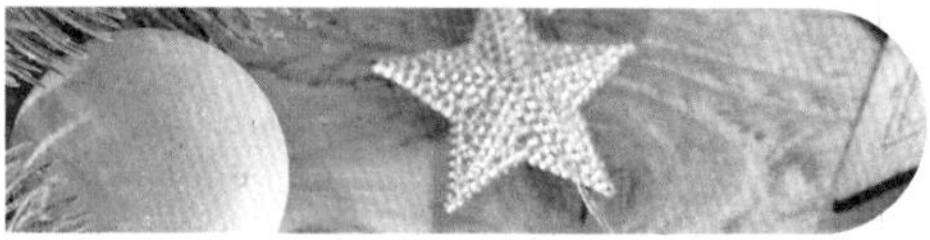

成功不難 貴在用心

的房前屋後都長著極適合做筷子的竹子，而他們卻懶得勞動，不思自救。

一位記者到一位生活在貧困線以下的女工家裡「送暖」。這位女工的丈夫前幾年病逝，欠下了許多債務。有兩個孩子，其中一個有殘疾。女工微薄的薪水養三個人，還要還債。但記者見到這位女工時，卻發現她臉上的笑容就像她的房間一樣明朗。漂亮的門簾是自己用紙做的，灶間的調味品儘管只有油、鹽兩種，但油瓶和鹽罐卻擦得乾乾淨淨。

記者進門時女工遞給她的拖鞋，鞋底竟是用舊鞋做的，再用舊毛線織出帶有美麗圖案的鞋面，穿著好看又暖和。

女工說：「家裡的冰箱、洗衣機都是鄰居淘汰下來送給她的，還很好用；孩子很懂事，寫完功課還會主動幫她做家事……」

同樣是貧窮，一種是不思進取的懶惰，一種是直面生活的勤勉；一種是人格的湮滅，一種是不屈的抗爭。兩種境遇確實讓人唏噓。

同樣是貧窮，有的人意志消沉，貧困潦倒，有的人卻不停奮鬥，擺脫貧困。物質上的貧窮並不可怕，可怕的是精神上的貧窮。我們雖然不能改變出生的環境，但是我們可以改變心境；我們不能改變別人，但是我們可以改變自己。

出生時貧窮不是我們的過錯，死時貧窮才是我們的罪過。擺脫貧窮是每個人的責任，也是通往幸福生活的第一步。因此，絕不向貧窮妥協。為了美好的生活，為了心中的理想努力奮鬥，明天一定屬於你。

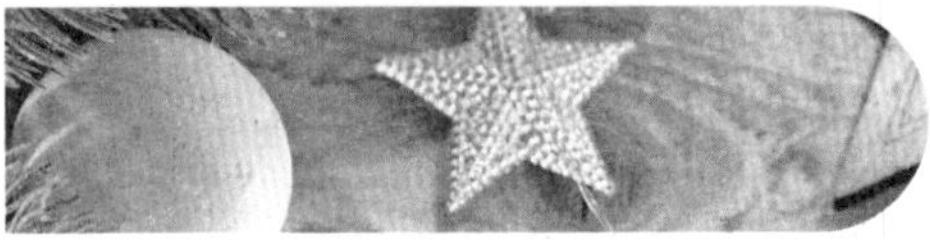

02 成功離不開背後的努力

要獲得幸福必須付出代價。

——德國諺語

若想成為人上人，就要付出超過常人百倍的努力。「成功只和努力有關……」美國加州州長阿諾史瓦辛格接受媒體採訪時如此說。

一九四六年，阿諾史瓦辛格出生於奧地利一個不知名的小村莊，由於戰亂的原因，童年的他生活在貧困之中。

上小學時，有一個美國富翁去該校做捐助活動，並挑選學生去自己家中體驗生活，阿諾史瓦辛格幸運地被選中。富翁家的生活讓阿諾史瓦辛格受到極大刺激，幼小的他表現得非常沮喪，富翁看出他的失落便問其原因。

阿諾說：「你非常成功，但我做不到。」

富翁問：「為什麼？」

阿諾說：「我沒有錢。」

富翁說：「金錢與成功無關。」

阿諾說：「我沒有好父母。」

富翁說：「家庭出身與成功無關。」

阿諾又說：「我沒有漂亮的臉蛋。」

富翁說：「外表與成功無關。」

「那成功與什麼有關呢？」阿諾史瓦辛格認真地問道。

富翁意味深長地講：「成功只和努力有關，只要你努力，你也會像我一樣成功。」富翁的這句話深深地銘刻在阿諾史瓦辛格心中。

中學畢業後，阿諾史瓦辛格去了美國，從一個勤雜工做起，後來成為了世界健美冠軍。他進入影視圈後成功主演了《魔鬼終結者》等多部電影，成為世界著名影星。息影從政後，又成功競選為加州州長。

阿諾史瓦辛格用自己半生的努力取得了巨大的成功。若沒有幾十年的

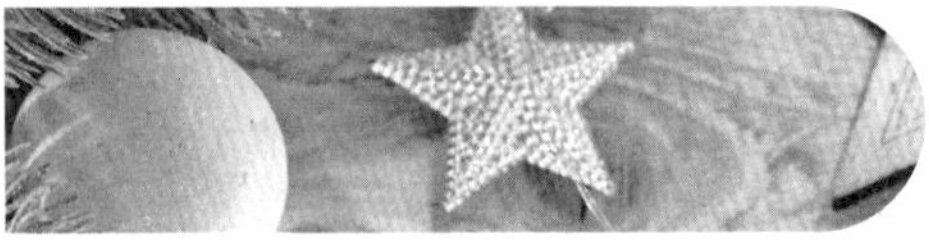

成功不難　貴在用心

辛勤努力，阿諾史瓦辛格就不會有如此豐碩的成果。

每一次成功的背後必是艱辛的努力，而每一次努力的背後都會有加倍的賞賜。

曾國藩是中國歷史上最有影響力的人物之一，但是他小時候的天賦卻不高。有一天在家讀書，對一篇文章重複不知道多少遍了，還在朗讀，因為他還沒有背下來。這時候他家來了一個賊，潛伏在他的床下，希望等他睡覺之後偷點值錢的東西。可是等啊等，就是不見他睡覺，還在翻來覆去地讀那篇文章。

賊人大怒，跳出來說：「這種水平讀什麼書！」然後將那文章背誦一遍，揚長而去！

曾國藩的勤奮成就了他的人生，他的付出得到了回報，而賊人卻依然是賊。魯迅先生說過：「偉大的事業同辛勤的勞動是成正比例的，有一分勞動就有一分收穫，日積月累，從少到多，奇蹟就會出現。」

朗平是中國體育界的風雲人物，是中國女子排球界的傳奇。

朗平於一九七六年入選北京青年隊，一九七七年擔當北京隊主攻手，一九七八年闖入國家隊成了袁偉民帳下的一名虎將。

一九七八年中國隊還未能戰勝日本奪取亞運會冠軍，但幾年後中國女排就讓世人刮目相看。

一九八一年深秋，二十一歲的朗平和隊友們參加了世界盃排球賽，最終以七戰全勝贏得了中國排球史上的第一個世界冠軍。

朗平並沒有滿足現狀，她有了更高的目標，世界錦標賽和奧運會冠軍，她要把所有的冠軍全拿一遍。

一九八二年朗平奪得了在祕魯舉行的第九屆世界排球錦標賽冠軍。

一九八四年朗平奪得了在美國洛杉磯舉行的第二十三屆奧運會女排冠軍。站在三連冠領獎台上的朗平在體育界已有了八年光景，而在這八年光景中她過的是常年訓練比賽的生活，這是常人難以忍受的。在訓練中朗平也是傷痕纍纍，她的小拇指因為受傷已經完全變形了，還有腿上的髕骨因為嚴重受傷也都全拿掉了，基本上不能再做什麼運動。但朗平並沒有因為受傷而退役，她一直堅持到女排四連冠之後才退役。

當主持人問她當時受傷值不值得的時候，她微笑著很輕鬆地說出兩個字——值了。

「值了」！簡單的兩個字卻顯得如此有力，沒錯，只要付出艱辛的努力，必是命運加倍的賞賜。今天的一切努力都是為日後的成功鋪路，在奮鬥的道路上，我們需要加倍努力。上天是很公平的，你付出了多少，獲得的成果也就有多少。社會競爭激烈，你不努力就將被淘汰。如果今天不努力，明天就將被後面的人超過，而只有不停地奮鬥才能使你立於不敗之地。當你的付出達到一定程度時，就會得到回報，成功也就隨之而來。

發奮努力的背後，必是加倍的賞賜。讓我們從今天開始，拋開惰性，努力奮鬥，為了心中的目標，為了美好的生活而努力奮鬥，相信一定會得到命運的眷顧，得到夢想中的成功。

03

不要滿足於眼前的成績

不滿足是向上的車輪。

——魯迅

成績只能代表過去，未來還需努力。不滿足眼前的成績是不斷進步的條件，如果滿足了也就失去了前進的動力，失去了向前的欲望。

昨天只能代表過去，昨天的榮辱都已過去，過分留戀昨天的成績只會浪費今天寶貴的時間！可口可樂公司前任董事長保爾·奧斯汀曾這樣說過：最糟糕的事就是一個高級主管對公司在市場上的成就沾沾自喜，尤其是公司處於最佳時期。

自滿情緒是十分危險的，只有不滿足才能不斷取得進步。來看一個美國商界的故事：

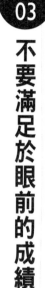

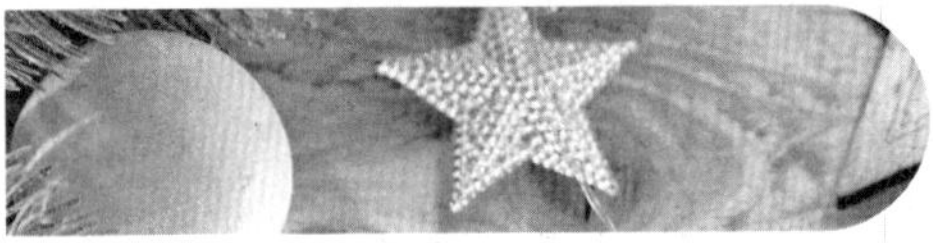

成功不難 貴在用心

在美國一家知名跨國公司中，有兩個人在爭奪第一把交椅。一個是公司的副總，二把手，一個是公司的第四號人物。

這位副總當時業績驕人，他確信憑自己的成績擔任總裁毫無問題，沒有必要去進行任何競選活動。而此時，那位處於劣勢的第四號人物，除了積極工作外，還聘用了一位公共關係專家，到處活動、演講，拜訪公司下屬地區的分部經理，和每位董事談話，與董事長溝通。

談話中的重點並不放在以往的業績上，而是極力描述如何開拓更美好的公司前景。漸漸地，他頭上顯露出總裁的光環，那位目瞪口呆的副總最後憤而辭職。

成績只能代表過去，如果不能著眼於未來，總是以往的成績說話遠沒有未來的工作計劃更有份量。

只有向前看，生活才有希望，才有進步的動力。生命的輝煌在於不斷地進取，不斷地超越，著名的發明家愛迪生年輕時發明了許多驚人的東西，而晚年的他失去進取之心，就再也沒有重大的發明了。可見，把腳步停留在過去，只會讓我們止步不前。

從前，有個自滿的小和尚以為學到了全部知識，然後找到師傅。

「師傅！我已經學足了，可以出師了吧？」

「什麼是足了呢？」師傅問。

「就是滿了，裝不下去了。」

「那麼裝一大碗石子來吧！」

小和尚照做了。「滿了嗎？」師傅問。

「滿了。」

師傅抓來一把砂，摻入碗裡，沒有溢。

「滿了嗎？」師傅又問。

「滿了。」

師傅抓起一把石灰，摻入碗裡，還沒有溢。

「滿了嗎？」師傅再問。

「滿了。」

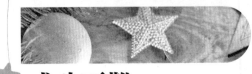

成功不難 貴在用心

師傅又到了一盅水下去，仍然沒有溢出來。

「滿了嗎？」

……

精英和普通人的區別在於，普通人只看到面前的一片天空，而不知道遠方還有更高更遠的天地等待我們去開拓。不滿足現狀，一心去實現心中的目標，一定會取得成功。

從前，在賓夕法尼亞的一個山村裡，住著這樣一位卑微的馬伕，後來，這位馬伕竟然成了美國最著名的企業家之一，他就是查爾斯·齊瓦勃先生。

齊瓦勃先生能夠成功的祕訣就是：每次求職時，他從不把薪水的多少視為重要的因素，他最關心的是新的位置和過去的位置相比是否前途和希望更遠大。

他在剛開始候是在鋼鐵大王安德魯·卡內其的工廠做工，當時他就自言自語地說：「總有一天，我要做到本廠的經理。我一定要努力做出成績來給老闆看，使老闆主動來提拔我。我不會計較薪水的高低，我只要記住：要拚命工作，要使自己的工作產生的價值，遠遠超過我的薪水。」他下定決心後，便以十分樂觀的態度，心情愉快地工作。就在他三十歲的時候，他成了卡內其鋼鐵公司的總經理，三十九歲時，他又出任全美鋼鐵公司的總經理。

查爾斯．齊瓦勃先生能夠有如此卓越的成績，正是因為他有一顆不滿足現狀、不斷進取的心在鼓勵著他，使他能夠一步一步地提升，以達到自己的目標。

古人云：「知不足者好學，恥下問者自滿。」自滿者大多只看成績，不看差距；只知過去，不知將來；只問領導，不問群眾。自滿者必然厭戰，在已有的成績面前不思進取、故步自封。因而，自滿思想和厭戰情緒，是妨礙我們的事業取得進一步發展的大忌。

從前，在一個村莊裡住著一位做泥娃娃的手工達人。他做的泥人十分漂亮，在市場上很好賣，所以他的日子過得很舒適。

手工達人的兒子長大了，見兒子的手很靈巧，就教他做泥人。後來，

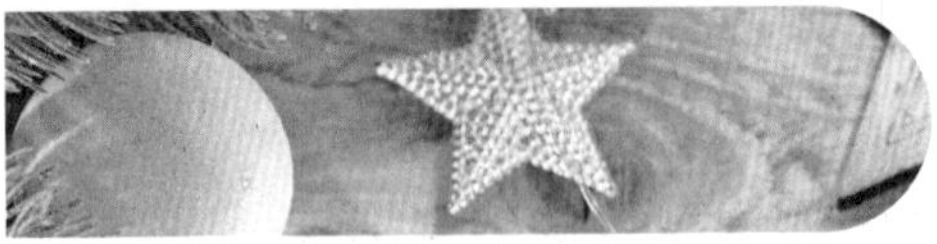

成功不難 貴在用心

他們父子倆就開始一起做泥人。兒子的手比父親的還巧，加上他年輕力壯，幹起活來乾脆利落，他做的泥人開始超過父親的了。

起初，他做的泥人和父親做的賣一樣的價錢。但是，當受到父親的訓斥之後，他做泥人就更加認真了。結果沒有多久，他做的泥人的賣價就超過了父親。父親做的泥人每個賣兩個盧比，他做的賣三個盧比。

可是，父親對兒子的斥責並沒有減少。他對兒子做的泥人總是不滿意，不是說這裡有缺點，就是說那兒有毛病。於是，兒子做泥人比以前更用心、更刻苦了。

現在，兒子的泥人做得比以前更好了，在市場上出售的價格不斷提高。父親做的泥人還是跟以前一樣，每個賣兩個盧比，而兒子做的則漲到了四盧比，五盧比，六盧比，八盧比，最後到了十盧比！可是，父親仍不滿意。他給兒子做的泥人一個一個地挑毛病：這隻眼睛比那一隻大了，兩個肩膀不勻稱，這做的是耳朵還是揚穀用的簸箕？指甲太小，看都看不見！

有一天，兒子生氣了。他說：「爸爸，你為什麼老是挑我做的泥人的毛病？你做的泥人，每個我都能挑出二十個毛病！你也不看看，你做的泥人至今仍賣兩盧比一個，而我做的呢，賣十盧比人們還都爭著買。我覺得我做的泥人什麼毛病也沒有，根本不必再加工！」

父親很失望，傷心地說：「孩子，你說的我都明白。不過這些話從你嘴裡說出來，我很難過。我知道，今後你做的泥人的價錢永遠也不會超出十個盧比了。」

「為什麼？」兒子驚奇地問。

父親看了看兒子，說：「做一個手工達人，如果認為自己的手藝到了家，沒有改進的餘地了，那麼就意味著他的長進就此停止。手藝人什麼時候自滿，他的手藝就再也不會提高。從前有一天，我也對自己的手藝自滿起來，結果從那天開始一直到現在，我做的泥人只能賣兩盧比一個，從來沒有超過這個價錢的。」

成功不難 貴在用心

人生之路是崎嶇的，一路上佈滿荊棘，只有擁有進取心的人才能不斷精進，才能不畏艱難，勇往直前。所以，進取心能使我們在人生旅途上充滿樂觀、理想，去追求真善美的境界。人生如果沒有進取心就不會有美滿的生活，也不會有豐碩的果實。天下沒有不勞而獲之事，唯有積極進取，熬過難關，持之以恆地不斷奮鬥，才會有成功、出人頭地的一天。

不滿足於眼前的成績，未來才是更值得關注的。只有跟上時代的步伐，不斷學習，不斷進取，才能立於不敗之地。

04 名與利：生不帶來，死不帶去

一個人光溜溜地到這個世界來，最後光溜溜地離開這個世界而去，徹底想起來，名利都是身外之物，只有盡一個人的心力，使社會上的人更多得到他工作的裨益，才是人生最愉快的事情。

——鄒韜奮

人生本來就是一齣戲，恩恩怨怨又何必太在意，名和利呀什麼東西，生不帶來死不帶去……這首膾炙人口的《得意的笑》，如今聽來更是充滿感慨萬千。在這個追逐名利的時代，很少有人能夠保持一份淡然的心境，平靜地對待名和利。

在這個世界上，有沒有真正不愛名利的人？相信是有的，但是我們大部分人都不是，我們都是愛名利的，只不過有人敢於承認，而有些人不敢承認罷了。有些人追逐名利不擇手段，有些人追求名利不動聲色；有些人

成功不難 貴在用心

愛得含蓄，有些人愛得瘋狂……程度不同，如此而已。

在這個世上，真正有資格說自己淡泊名利的人，沒有幾個。很多功成名就的人，說自己厭惡名利，那不是真的厭惡，因為假如他們真的厭惡，他們就不會功成名就。他們不過是厭惡追求名利過程中的赤膊上陣刀光劍影，以及在獲得「名利」以後，為保衛勝利果實而不得不「時刻準備著」拿起武器浴血奮戰的緊張狀態。

「名利」是這樣一種東西，對於大多數人來說，具備如下特點：

第一，它必然是來之不易的。

第二，失去它比獲得它要容易得多。

第三，一旦失去，你的痛苦將是加倍的，遠甚於你從來沒有得到過。

基於以上三個特點，很多人寧可選擇「淡泊名利」——因為這樣，可以使自己免去很多痛苦和尷尬。

追求名利本沒有錯，但為了名和利而失去快樂就是另一回事了。來看看下面這段寓言故事：

總裁說：「金錢啊，為了你，我苦苦拼爭，從不放棄；如今擁有了你，可是過得仍不開心，這又是怎麼回事呢？」

金錢說：「其實，我不屬於任何人，從一個主人的口袋到另一個主人的手中。我同樣不解：為什麼你們已大量擁有了我卻還要緊緊抓住不放？在你們的緊握中，我有種透不過氣的感覺。告訴你吧，我更樂於待在窮人的手中，因為他們會給我更多喘息的機會。如果你聰明，就適當放手吧！這對你和我或許都是一件好事兒和一種解脫。」

名利說：「我過得也很累，從第一天踏入名利場就從未輕鬆過，就像上了軌道的車輪怎麼也剎不住；有時，我也想，像你一樣，可現實卻不允許自己停止轉動，只能這樣瘋狂地永無止境地前行。」

淡泊說：「若干年前，我也有過和你同樣的感受和經歷。有一次，大病初癒的我突然發現健康是多麼珍貴，這是任何名利都換不來的。還有一次，當我手拿一枝玫瑰送給情人時，她一臉不悅地說，別人送一束你卻送一枝。這時，我才明白：要是送一束，她會要九百九十朵；要是送九百九十朵，她會要金銀首飾；要是送首飾，她會要名車洋房……總之，永無滿足。於是，我最終選擇了送一枝玫瑰就讓她開心一笑的妻子；而我也終於明白了一個道理，淡泊的生活才是最真實的。如果你聰明，也可以像我一樣輕鬆，問題是，在你的眼中已容不下像我這樣渺小無能的人。」

空虛說：「我向來懼怕孤獨和寂寞，可是一貧如洗的我，沒有朋友、沒有聚會、沒有美酒。為了追求高品質的生活，我開始近乎瘋狂的奮鬥，終於有了收穫，取得巨大成功。但是不知怎麼回事，反而更空虛了——在美酒的飄香中，在喧嘩的聚會上，在朋友的簇擁下，我的心裡總是空落落的。我始終不明白，我為什麼就無法和你一樣地生活呢？」

充實說：「你的這種感受我沒有經歷過，這得感謝我兒時的一位夥伴，他叫『真誠』。幾十年如一日，無論貧困還是富有、無論順利還是挫折，他總是陪伴著我。他無形中教會我：不要祈求別人對你如何如何，首先自己要學著先付出一顆真誠的心，那麼別人也會同樣回報你。有了這種交流和互動，我從未體驗過你所說的孤獨和寂寞。如果願意，我可以把這位『夥伴』介紹給你相識，也許他能讓你變得充實和快樂。」

總裁悟語：「如果說，有金子的日子是亮閃閃的，那麼，有快樂的日子就是金燦燦的。由此看來，快樂比名利更重要！」

中國古典名著《紅樓夢》裡有一首千古絕唱的詩歌：「世人都曉神仙好，惟有功名忘不了！古今將相在何方？荒塚一堆草沒了！世人都曉神仙好，只有金銀忘不了！終朝只恨聚無多，及到多時眼閉了。」

名利如煙雲，生不帶來，死不帶去。人生一場夢，夢醒時終歸要赤裸裸地離開人間，不可能把一生累積的物質財富帶進墳墓。名與利乃身外之物，只有看淡名利，才能得到幸福，享受當下的生活。

人生中最富有的時刻，不是腰纏萬貫之時，不是名滿天下之日，而是在心中看淡並且放下名利的一剎那間。

美國青年麥克的父親羅曼先生，是一家證券交易所的一名普通職員，他的工資不是很多，而且一半要用於醫藥費，另一半有時用來接濟比他們還窮的親戚，日子過得非常拮据。在這座小城裡，唯一沒有汽車的人家，

成功不難　貴在用心

就是麥克家了。「做人要有骨氣。一個人有了骨氣，就是有了一筆珍貴的財富。懷著希望生活，這就等於有了一大筆精神財富。」麥克的母親經常這樣安慰她的家人。

在慶祝城市節那天，一輛嶄新的別克牌汽車吸引了全城人的目光。這輛車將作為獎品，在街上最大的一家百貨商店櫥窗裡展出，並且定在當晚以抽獎的方式饋贈給得獎者。

即便平時多麼愛做夢，誰也想不到他們這個在城裡唯一沒有汽車的人家會得到幸運女神的眷顧。所以，當高音喇叭宣佈麥克的父親羅曼先生是這輛汽車的幸運得主時，麥克簡直不敢相信自己的耳朵。

他的父親緩緩的開車駛過人群。好幾次，麥克想上車跟父親分享幸福的時刻，都被父親趕開了。最後，父親竟然吼道：「滾一邊去，讓我清靜一下！」

麥克對此大惑不解，回家後，他委屈地告訴了母親。母親則對父親十分瞭解，她溫和地說，「你誤會父親了，他此刻正在考慮一個道德問題，但是我想他很快就會找到正確的答案。」

「為什麼？我們中獎得到汽車，難道不道德嗎？」麥克疑惑地問。

「這就是問題的關鍵：我們根本就不應該得到這輛汽車。」母親回答說。

「不可能！」麥克大叫起來，「爸爸中獎分明是大喇叭裡宣佈的。」

「來，看看這個。」母親指了指桌上檯燈下放著的兩張彩票存根。麥克看到，存根的號碼分別是「３４８」、「３４９」，中獎號碼是「３４８」。

「你看看，這兩張彩票有什麼不同。」母親又說。

麥克反覆看了幾遍，終於發現，一張彩票的角落上有用鉛筆寫的不太明顯的「Ｋ」字。母親對他解釋說，這Ｋ字代表一個名字——凱茲克。

「基米．凱茲克？」傑克有些不解。因為，凱茲克是爸爸交易所的老闆。

「對。」母親肯定地說。

原來，當初買彩票時，父親對凱茲克說，他可以幫凱茲克代買一張。

成功不難 貴在用心

「為什麼不可以呢？」凱茲克隨口應道。

老闆說完，就出去了，也許他再也沒有想過這事。「348」這張正是幫凱茲克買的。

「汽車應該歸爸爸！」麥克激動地說，「凱茲克已經是個有名的千萬富翁，家裡有十幾輛汽車，他不會計較這輛別克車的！」

「讓你爸爸決定吧，」母親心平氣和地說，「他知道該怎麼做的。」

這時，父親進門後徑直去了最裡面的房間，麥克聽到他打電話給凱茲克。翌日下午，凱茲克的兩個司機上門，送給麥克的父親一盒雪茄，然後開走了別克車。

麥克一直到成年之後才擁有了一輛屬於自己的汽車。在經過人生的酸甜苦辣之後，他終於理解了母親的那句「人有了骨氣，就是有了一大筆財富」的意思。回首往昔之時，麥克深有感慨地說，他的父親打電話給凱茲克的那一瞬間，才是他們一家最富有的時刻。

淡泊名利，你就是世界上最富有的人。在物欲橫流的時代，如果把名利之心放淡一些，心中就對了一份祥和與恬靜。以淡泊的心態處世，用簡單對付一切複雜，是一種十分瀟灑的人生境界。看透了人世間的名利如雲煙，人生就會變得風淡雲輕，心境也如山澗的清流小溪——清澈、透明而充滿生機。

很多人雖然也知道名利是身外之物的道理，但卻始終不能放下，被名利所擾，這都是他們缺少一顆看淡名利的平常心。所謂「平常心」，並不是對名利一點不動心。真正的「平常心」，是誠實地對待自己，既然我們在內心深處是愛名利的，那麼就大大方方地愛，名利不會放到銀盤子裡送到我們面前來，需要我們去努力。不過也許我們努力了，卻與名利失之交臂，那也沒必要痛心疾首，尋死覓活，因為那不過是名利而已，人世間能夠被稱得上是「名利」的東西很多，並不是失去一次，就失去一切。

名和利，本應是鼓勵人們進取的動力，而不是牽絆內心的雜音。放下名利的同時，也就擁有了幸福與快樂。把名利看得淡一些，因為它生不帶來，死不帶去。

05 小事要做，小錢要賺

不會做小事的人，也做不出大事來。

——羅蒙諾索夫

欲做大事，賺大錢，必先做小事，賺小錢。現實生活中，很多人眼高手低，大事做不成，小事又不願做。到頭來，這些人什麼成績也沒有，有的只是無止境的抱怨與歎息，他們此生必將一事無成。正確的人生態度是：小事要做，小錢也要賺。積少成多，任何成功都不是一蹴而就的，懂得累積的人才能成功。

身為新東方學校校長的俞洪敏講過一個關於他自己的故事：

「在北大當學生的時候，我一直比較具備為同學服務的精神。我這個人成績一直不怎麼樣，但我從小就熱愛勞動，我希望透過勤奮的勞動來引起老師和同學的注意，所以我從小學一年級就一直打掃教室衛生環境。

到了北大以後我養成了一個良好的習慣，每天為宿舍打掃，這一打掃就打掃了四年，所以我們宿舍從來沒排過衛生值日表。

另外，我每天都拎著宿舍的水壺去給同學打水，把它當做一種體育鍛鍊。大家看我打水習慣了，最後還產生這樣一種情況，有的時候我忘了打水，同學就說『俞敏洪怎麼還不去打水』。但是我並不覺得打水是一件多麼吃虧的事情。因為大家都是同學，互相幫助是理所當然的。同學們一定認為我這件事情白做了。

又過了十年，到了九五年年底的時候新東方做到了一定規模，我希望找合作者，結果就跑到了美國和加拿大去尋找我的那些同學，他們在大學的時候都是我生命的榜樣，包括剛才講到的王強老師等。我為了誘惑他們回來還帶了一大把美元，每天在美國非常大方地花錢，想讓他們知道在中國也能賺錢。我想大概這樣就能讓他們回來。

後來他們回來了，但是給了我一個十分意外的理由。

他們說：『俞敏洪，我們回去是衝著你過去為我們打了四年水。』他

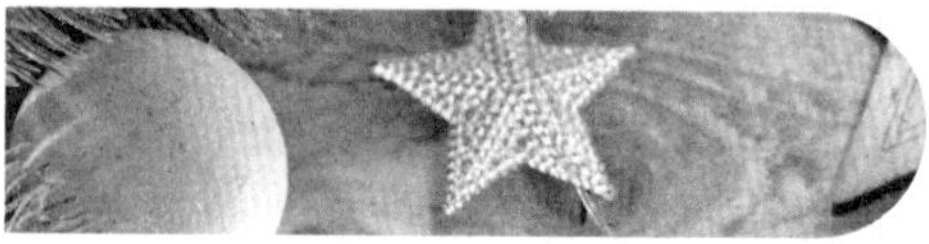

成功不難 貴在用心

們說：『我們知道，你有這樣的一種精神，所以你有飯吃肯定不會給我們粥喝，所以讓我們一起回中國，共同創造新東方吧。』」

若想成就大事，賺大錢，必從小事做起，從小錢賺起。只有耐心做小事，大事才能從容不迫。所有的大事，都可拆解成無數的小事。因此，把所有的小事做好，加起來就變成大事；把所有的小錢累積起來，就是大錢。成功者都是從小事做起的。有些事對於某個人來說，可能不過是舉手之勞，而別人卻很難做到。

任何人都不要自大地認為自己天生是個「做大事，賺大錢」的人，而不屑去做小事、賺小錢。要知道，連小事也做不好，連小錢也不願意賺或賺不來的人，別人是不會相信他能夠做大事、賺大錢的！

萬丈高樓平地起，為了一分錢與別人討價還價不是一件醜事，小商小販也不是沒什麼出息，世界上許多富翁都是從小商小販做起的。金錢需要一分一厘積攢，而人生經驗也需要一點一滴累積。

「先做小事，先賺小錢」有什麼好處呢？「先做小事，先賺小錢」最大的好處，是可以在低風險的情況之下累積工作經驗，同時也可以借此瞭解自己的能力。

當一個人做小事得心應手時，就可以做大一點的事。賺小錢既然沒問題，那麼賺大錢就不會太難！何況小錢賺久了，也可累積成「大錢」！此外，「先做小事，先賺小錢」還可培養自己踏實的做事態度和金錢觀念，這對日後「做大事，賺大錢」以及一生都有莫大的助益！

不少人都有這樣的願望，總夢想自己有朝一日能財源滾滾而來，瀟灑地做一回大老闆。但大多數人終其一生，卻難以夢想成真。究其原因，是因為有些人賺錢心太急切了，只想賺大錢而看不到小錢帶來的積少成多的利潤。

有一個補鞋匠，從幾毛錢的縫縫補補做起，年純收入竟達數萬元。當他看到人們吃驚的樣子時，神祕地一笑：「你可不要小看這不起眼的生意，雖然賺的都是小錢，可是積少成多，說不定我以後還會開一間製鞋廠呢。」

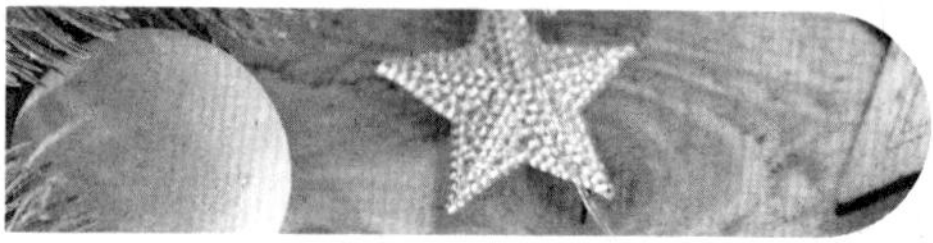

成功不難貴在用心

不恥於賺「小錢」才能財源滾滾，這對想創業的人來說確實很有借鑒意義。如果你能抓住身邊的小錢，不讓賺錢的機會從身邊溜走，莫以利小而不為，終有一天財富會滾成大錢。

俗話說得好「一口吃不成一個胖子」，成功是源於每個細節，積跬步至千里，匯細流入大海。任何事情的成功都是由小而大逐漸累積的。漠視細節的努力，縱是豪氣沖天，壯志凌雲，又何以奢望成就豐功偉績。

一個人想要成功，必須從小事做起。唯有量的累積達到一定程度才會引起質變，量變是事物變化的必要前提。因此我們要從小事做起，重視量的累積，最終方得質的飛躍。從小事做起，一路豪歌向天涯，路，就在你的腳下；小，終能成大；少，必能聚多！

孔子要子路把馬蹄鐵撿起來。不料，子路懶得彎腰，就假裝沒聽見。孔子沒說什麼，自己彎腰撿馬蹄鐵起來，用它在鐵匠鋪那裡換來三文錢，並用這三文錢買了十七、八顆櫻桃。

出了城，二人繼續趕路，走過的全是茫茫的荒野。這時，孔子猜到子路口渴了，就把藏在袖中的櫻桃悄悄地掉出一顆。

子路一見櫻桃，趕緊撿起來吃。

孔子邊走邊丟，子路也就狼狽地彎了十七、八次腰。最後，孔子笑笑對子路說：「要是你剛才彎一次腰，就不會在後來沒完沒了地彎腰。不屑於做小事，將會在更小的事情上操勞。」

做好眼前的小事，往往是通往成功的開始。一室不掃何以掃天下？小事做不好，甚至不會做，怎麼可能做好大事？

二十世紀七〇年代初，美國麥當勞總公司看好台灣市場。打算正式進入台灣之前，他們需要在當地先培訓一批高級管理人員，於是公開進行招聘考試。由於招考的要求標準頗高，許多初出茅廬或有志於此的青年都未能通過。經過一再篩選之後，一位名叫韓定國的某公司經理脫穎而出。

在最後一輪面試前，麥當勞的總裁和韓定國夫婦單獨談了一次話，並且問了他一個出人意料的問題：「如果我們要你先去刷廁所，你還願意來就職嗎？」

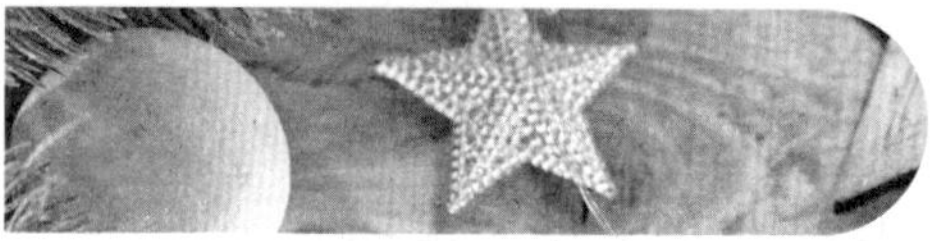

成功不難 貴在用心

韓定國還未及開口，一旁的韓太太便隨口說道：「我們家的廁所一向都是他刷的。」總裁大喜，免去了最後的面試，當場直接拍板錄用了韓定國。

後來韓定國才知道，麥當勞訓練員工的第一堂客就是從刷廁所開始的。因為服務行業的一個基本理念是，只有先從卑微的工作做起，才能深刻地領會並實踐「顧客就是上帝」的準則。

韓定國後來能成為知名的企業家，與他一開始就從近乎卑微的小事做起，做別人不願做的事情，是有著直接關係的。所以說，肯於低低頭、彎彎腰，先從普通、平凡的小事做起，摸索生活的艱辛和實踐的理念，也容易給自己以後的發展和成功創造更多的機會。

荀子在《勸學》中寫道「不積跬步，無以至千里；不積小流，無以成江海。」生活中每一個目標的實現，都是一步一步走過來的；心中的理想和抱負，也是由一件一件小事累積才得以實現的。古今中外成就大業的人，有幾個一開始就大刀闊斧、轟轟烈烈？生活一再揭示這樣的真諦：一個人成功或失敗，絕不是因為他一開始就做出了石破天驚的大決定，以及叱吒風雲的大行動，而在於他每天所做的小事和小小的決定，以及根據這個決定所拿出來的小小的行動。

有一個年輕的機械專業畢業的研究生，為了求職，他走遍了市內能去的所有對口單位，沒有找到一家使他們雙方都滿意的公司或企業。想想也是，條件好、規模大的單位人才濟濟，對他這個研究生並不怎麼重視；條件差、效益低的小廠他又不願意去。無奈，他只好轉換角色以一個很普通的機械維修工的身分進了一家中等規模的造紙廠。

在造紙廠的一個車間做維修工，雖然有些「大材小用」，他卻做得格外認真。不久，他運用連環傳動方式將一台電動機帶動一台攪拌機改為一台電動機帶動兩台攪拌機，小小的成功引來人們的刮目相看，但他還是不露聲色，靜靜地做著自己的本職工作。

後來，另一個車間的造紙機的真空泵轉子在僅有一公分的間隙裡卡死，幾個維修工人拆了裝、裝了拆，折騰了兩天也不見成效。

設備科長給這部機器判定了「死刑」，並要向廠裡打報告緊急購置一部新機器。這時，他聽說了，便找到設備科長說：「讓我試試好嗎？」設備科長也同意了。他去了之後仔細校正了鍵槽，並採取了一些措施，這部即將被運出車間的「死機」又轟鳴了起來。

人們在驚愕中，才意識到他的技術和能力非同一般。直到廠長和設備科長為此事情請他吃飯時，他才有些不好意思的亮出了自己是機械專業研究生的身分。廠長驚訝不已，不久把他提升為主管設備的副廠長。

做小事，賺小錢是累積成功所必須的經驗與資金。只有這樣，才能成就大事，最終賺到大錢。

06 淡泊名利少煩憂

非淡泊無以明志，非寧靜無以致遠。
——諸葛亮

淡泊名利少煩憂。現今社會，一些人不擇手段，沽名釣譽；一些人花錢買官，投機鑽營；一些人唯利是圖，中飽私囊；還有一些人學術造假，欺世盜名……太多太多的人為了一己私利而忘了自我。

中國已故國學大師季羨林先生一生淡泊名利，與老人家相比，難道一些唯利是圖的人們不應該感到慚愧與渺小嗎？名利之心，人皆有之，但名利之心、名利之行應該建立在道德和良知的底線上，建立在合情合理的基礎之上。

季老先生曾經說過：「我這樣一個平凡的人，有了點名，感到高興，是人之常情。但我只想說一句，我確實沒有為了出名而去鑽營。能夠有點

成功不難　貴在用心

小名小利，自己也就滿足了。」

季老言行一致、身體力行。他的一言一行也在無時不刻地教導人們：不管身在何處，都不應該為金錢所動、為名利所惑、為世俗所擾。

淡泊名利少煩憂，這裡所說的淡泊名利其實是相對追逐名利而言的。淡泊名利是人生觀中名利觀的具體反映，不同人生觀的人具有不同的名利觀。提倡淡泊名利對社會具有現實意義，對個人也同樣具有重要的人生意義的。淡泊名利並不是拒絕名利，而是不要把名利看得過重。

《清代皇帝祕史》記述乾隆皇帝下江南時，來到江蘇鎮江的金山寺，看到山腳下大江東去，百舸爭流，不禁興致大發，隨口問一個老和尚：「你在這裡住了幾十年，可知道每天來來往往多少船？」

老和尚回答說：「我只看到兩艘船。一艘為名，一艘為利。」真是一語道破天機。

人活在世上，無論貧富貴賤，窮達逆順，都免不了要和名利打交道。只有能夠做到淡泊名利，才能減少煩惱，豁達處世。

公孫瓚曾授予管寧高位，但是管寧拒絕了，公孫瓚為他準備了豪華的住所，讓管寧留下來，管寧依然謝絕了公孫瓚的再三挽留，決定到人跡罕至的深山定居度日。

那時，許多百姓都到遼東避難，他們大多居住在遼東郡的南部，以便於關注中原局勢，準備中原安定之後，他們就馬上返回故鄉。獨管寧居住在遼東北部的深山裡，表示自己要終老於此地，不打算返回家鄉。

管寧在剛剛入山時，就住在臨時依山搭建的茅草屋中。後來，才著手鑿巖為洞，為自己鑄造永久居所。

管寧有很高的聲望，很多人仰慕他的高尚道德。知道他隱居深山後，都紛紛追隨他來到山中，他們開墾田地，以耕種打獵為生。在短短的兩年時間裡，管寧居住的深山裡，竟然雞鳴狗叫，人煙稠密，自成邑聚。

管寧無論在何時何地，都尊重儒學禮制規範人們的言行，因為他是一個篤信好學守死善道的儒生。在他的周圍聚集了眾多的仰慕者後，他開始給人們宣講《詩經》、《尚書》等儒家經典的深刻學問，並且身體力行，

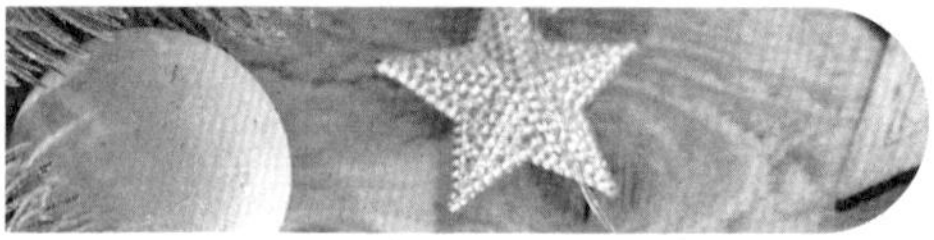

成功不難 貴在用心

用高尚的道德感化民眾。

那時，在他們居住的深山中，因為地下水位很低，鑿井非常困難。所以，在整個山中只有一口水井，並且非常深，汲水相當困難。在打水人多的時候，許多男男女女都擠在一起，甚至還會因為你推我擠發生爭吵，或者打架事件。

管寧看了，覺得非常有違儒家禮制，因此非常憂心。於是，他經過一夜的思考，想出了一個制止爭吵的辦法——他自己出錢買了許多水桶，命人悄悄地打滿水，分置井旁，這樣一來，來打水的人就不用你推我擠，便可以直接拎水回家。

一些年輕氣盛的小伙子，看見井邊經常有盛得滿滿的水桶排列得整整齊齊，都非常驚奇。於是，他們決定一定要調查出這件事情是誰做的，經過仔細觀察與多方打聽，才知道是管寧為了避免鄉里爭鬥而為之。

他們知道真相後，深覺慚愧，紛紛自責，決定不再因為這樣的小事而產生衝突。在那之後，果然沒有再因為打水而發聲衝突，而且很長一段時間裡，鄰里和睦，安居樂業。

一次，一頭牛踐踏了管寧的田地，還啃吃了他的莊稼。管寧不但沒有把牛打跑，反而害怕是那一頭無人管束的牛，一旦跑到山中就會被野獸咬死。所以，他趕忙讓手下人把牛牽到陰涼之處，飲水餵食，比牛的主人照顧得還周到。

幾天之後，牛的主人在管寧這裡找到了自家的牛，看到自己的牛不但沒有挨打，還被照料得無微不至，心中非常感動，千恩萬謝地牽著牛離去了。管寧就是用超然的心態與不入名利的淡泊之心，感化了周圍的群眾，這使他的名聲也更大了，整個遼東郡的人都非常敬仰他。

公孫瓚原本因為管寧不與自己合作而心懷不滿，後來又對管寧的隱居非常疑慮，但是經過這段時間的考察，他才真正理解了管寧隱居求志的初衷。

唯有淡泊名利之人才能不被物欲所擾，享受當下寧靜的生活。淡泊名利說起來簡單，真正做到並不是一件容易的事情。有的人可能用畢生的精

成功不難 貴在用心

力去爭取，到頭來仍然沒有通過淡泊名利這一關。

當今社會許多對社會做出重要貢獻的知名人士，他們在步入老年的關鍵時刻，仍然擺脫不了名利的困惑，以致走上了貪污犯罪的道路，不但沒有了幸福的晚年，而且把自己的餘生也斷送了。這些活生生的事實教育我們，淡泊名利是何等的重要，然而真正做到又是何等的不易啊！

淡泊名利少煩憂。研究顯示，淡泊名利有益於身心健康。諸葛亮說過：「非淡泊無以明志，非寧靜無以致遠。」就是說不貪圖功名利祿、心胸開朗、無憂無慮、無仇無怨、無悲無悔就能保持愉快、滿足與積極情緒，自然有益於身心健康。常言道，心情愉快，健康常在，若想天天都有好心情，保持身心健康，唯有淡泊名利者能做到。

淡泊名利是一種智慧，只有淡泊才能真正感受人生，品味生活。淡泊名利，知足常樂也是長壽的祕訣之一。中國文壇壽星冰心老人曾以「淡泊以明志，寧靜以致遠」為題，總結她養生長壽的經驗。她認為淡泊就是對物質生活不過分奢求，過簡樸的生活，寧靜是心理盡可能排除個人的雜念，少些私心，這樣就不會傷神而傷身，終會健康長壽。

淡泊名利的精神有益於人們控制自己的情緒，特別是老年人。人到老年，由於年齡的增長，生存階段的改變，過去唾手可得的名利可能一夜之間便化為烏有。物質利益將相應減少，過去享受的某些福利待遇也隨之降低；人際關係也發生了根本的變化，過去由於工作關係所形成的交往也慢慢淡漠了。在這種情況下，唯有淡泊名利才能讓你從煩惱中解脫出來。

淡泊名利少煩憂。人生的煩惱皆來自外欲，如果一個人能夠做到淡泊名利，各種煩憂自然會離他遠去。在這個被名與利牽絆的社會，希望每個人都能學著看淡名利，減少因此而生的種種煩惱。

07 事越煩，越要耐煩

不怕事情難，就怕不耐煩。

——俗語

現在的日子越發忙碌，無論生活或工作，都有相當大的壓力，於是很多煩心事就會找上門來。那麼，如何控制好情緒，不讓煩心事破壞了好心情呢？那就要做到：事越煩，越要耐煩。

不耐煩是現代社會的通病，也就是一種「無恆病」。俗話說：有恆為成功之本。無論做什麼事，沒有恆心，休想把事情做好，求學也不易有成。古人為了功名有成就，十年寒窗用功夫，漢朝董仲舒，青年時代，立志向學，三年不窺園，終於成為一代名儒學者；晉朝王羲之，臨池磨硯，寫完一缸水，終於成為曠古書法大家。

敦煌石刻是經過多少朝代、上千上萬藝術家們窮盡一生的智慧與生命而完成的驚天地、泣鬼神的奇偉傑作，其技巧之精美，真是巧奪天工，無與倫比。如果沒有這些藝術家耐煩雕刻，今日哪有這麼偉大的藝術品留傳於後世？有恆對於成功立業實在是太重要了。

事越煩，越要耐煩，不能忍耐的人，終將飽嘗苦果。因此，學會忍耐，放寬心，你才能避開煩惱的侵襲，最終走向成功。

有一位老農，肩上負著拾來的柴禾，沉重的負擔壓彎了他的腰。離家還有很遠，他拖著疲憊、一瘸一拐的腳步踩在這段滿是泥濘的路上。他再也沒辦法承受這麼重的負擔了，於是便把柴禾卸在路邊，並開始抱怨命運坎坷。

「從我在這個悲慘的世界出世以來，我享受過什麼樣的好處？從黎明到黃昏，總是不斷地工作，沒有休閒。啊，死神呀！請把我帶走，讓我脫離困境吧！」

立刻，幻影般的地獄國王出現在他的面前。

「你想要我做些什麼？」死神以空洞的聲音問他。

成功不難 貴在用心

「沒……沒什麼。」敬畏、害怕的農夫口吃地說道，「只希望您幫忙把我剛才掉落的柴禾再放到我的肩上。」

我們沒有必要像那個老農一樣怨天尤人，但起碼可以用自己的方式來對待事業和生活。事實上，對待命運有兩條道路，一是退卻，對奮鬥目標用心不專、左右搖擺，對工作總是尋找遁詞、懈怠逃避，那注定是失敗；二是勇敢地面對，用堅定和執著，竭盡全力地達成自己的目標，然後才是成功。

因此，成功需要堅定的耐力，需要執著，需要竭盡全力。缺乏毅力的人總是不能全神貫注地做一件事情，不能「耐」而不能「靜」，永遠在患得患失中過日子，根本無法樹立什麼宏遠的志向。只有有耐心的人，才有可能在千頭萬緒中理出頭緒和思路，進而踏踏實實地幹一番事業。

事越煩，越要耐煩。當你忍受住了煩惱與苦痛，成功一定會屬於你。

商人韋文軍的傳奇般的發家史被同行炒得沸沸揚揚，版本眾多，他自己也毫不避諱：「其實我是刷馬桶出身的。」

第一天去應徵時，韋文軍忐忑不安地走進總經理辦公室：「你好，我叫韋文軍，今年剛畢業……」話還沒說完，老闆頭都沒抬一下：「出去，出去。我們不要剛畢業的！」

韋文軍當時感覺喉嚨好像被石塊堵住了一樣，但他仍小心翼翼地說：「雖然我剛畢業，但我是很有天分的……」

羅老闆粗暴地打斷了他，高聲地說：「出去！出去！我們員工個個都有天分！出去……」

韋文軍馬上拿出作品放到桌面上，羅老闆掃了兩眼，感覺還有點意思，耐著性子對韋文軍說：「我們這裡是無紙化辦公，要求熟練操作電腦。」

韋文軍連連說：「我會，我會電腦！」

死纏爛打之下，羅老闆答應試用他幾天。過沒幾天，羅老闆又走過來請韋文軍走人，原來羅老闆看出他只是會點皮毛。

如此三番五次的「摧殘」，換了別人早就打退堂鼓了，偏偏韋文軍是個天性倔強的孩子，他決心「賴」在這家公司不走了。

有人曾對他說過：在深圳自尊心最不值錢。一個人只有戰勝自己的恐懼跟小小的面子，才能在這塊土地上立足。

韋文軍表示，他只想學電腦，不要公司任何報酬，只要讓他有得吃住就可以了，並且每天為公司打掃衛生。羅老闆最後開了個苛刻的條件，必須負責每天打掃公司的廁所，包括刷馬桶。

多年之後，韋文軍帶著積存的五十萬元開了一家屬於自己的裝飾公司。與以往「慣例」不同的是，韋義軍與羅老闆成了感情深厚的朋友。

重提過去那段往事，韋文軍稱刷馬桶的經歷實屬上帝「負面的恩典」，他會抱著感恩的心去看待這段故事。

他告訴我們一個成功的「祕密」——所謂能耐，就是能夠忍耐！事越煩，越要耐煩。當你能夠忍受周圍的一切，你的心就會放得很寬，再也不會為這些事而煩惱了。

「忍」字心上一把刀，象徵忍耐的工夫與個人的修為。忍耐的策略，之所以擺在最後最高的位置，充分說明它的重要性。前面九項策略即使具足了，但是若不能十分忍耐的話，所有一切盡屬虛空，任何事情想要成功，就差這臨門一腳的工夫。因此，凡事能堅忍，對人能容忍的人，不但人際關係廣佈，事業也比較會成功。

事越煩，越要耐煩。如果不能學會忍耐，任憑浮躁的情緒侵擾內心，那麼你的生活將陷入苦悶之中，更有甚者則會選擇極端的做法。

事越煩，越要耐煩。克服焦躁的情緒，心寬一寸，正確看待生活中的種種煩惱與苦悶，把它們變為激勵你前進的動力。只有這樣，才能終獲成功，達到寬心的境界。

08 心寬路自寬

心寬一寸，受益三分；心寬路就寬，心窄路就窄。

——佚名

當今社會講求可持續發展，對個人來說也是如此。很多人沒有認識到個人可持續發展的重要性，目光短淺，急於求成。結果是或者一時失敗了，意志消沉；或者有點功績了，卻已身心俱疲，行將就木……放寬心，你的事業需要持久動力。

心寬路自寬。每個人都希望自己能成功，學業、事業、家庭、生活皆能有成。而常言道「大器晚成」，成功不是一蹴而就的。就是一棵樹也得經過幾十年的風吹雨打方能長大。

所謂「十年樹木，百年樹人」，人經不起時間的磨煉，經不起挫折，要有所成就很難。若想成功，不但需要持之以恆的努力，更需要放寬心。

記得過去有一部日本影片，內容描述孫悟空修行的過程。

影片裡唐三藏對孫悟空說：「你若要隨我學道，必須天天站在同一個地方一百天；站過之後，跪在那裡一百天；跪過以後，舉起雙手一百天；然後浸到水裡一百天，身邊烤火一百天……要經過這許許多多的考驗，我才教你佛法。」

孫悟空聽了，就依照唐三藏所講的話，一百天站著不動，一百天跪地不起，一百天高舉雙手，一百天浸在水裡……經過了一個一百天、兩個一百天、十個一百天……終於，孫悟空熬過了所有的一百天，這時，他也成道了。

現在的很多年輕人，正因為缺少歷練，所以禁不起、耐不住，被太多的理由、太重的固執迷失了自己。他們沒有放寬心，過於急功近利，最終一事無成。如果我們能夠放寬心，一步一腳印，用如上述那許多的一百天，訓練我們的力量，加強我們的意志，那麼我們就能走上事業的巔峰。

心寬路自寬。人生在世，誰都不可避免遇到不順心的事，若能以笑面

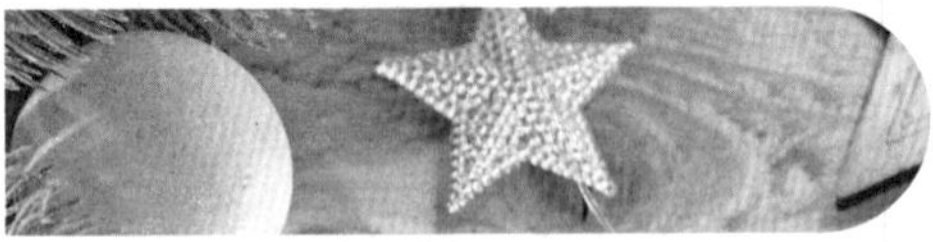

成功不難 貴在用心

對，則是心胸寬大的表現。這是一種修養，一種智慧，一種處世待人之道，更是一種成功之道。

他是一名程式設計師，在軟體公司工作了八年。他原以為可以一直做到退休，然後拿著優厚的退休金頤養天年。然而，這一年公司倒閉，他失業了。他的第三個兒子才剛出生，他感謝上帝的恩賜，同時意識到，重新工作迫在眉睫。

作為丈夫和父親，自己的責任就是讓妻子和孩子們過得更好。但是，失業以後，他的生活凌亂不堪，每天的工作就是找工作。一個月過去了，他沒有找到工作。除了編程，他一無所長。

終於，他在報紙上看到一家軟體公司要招聘程式設計師，待遇不錯。他帶著資料，滿懷希望地趕到公司。應徵的人數超乎想像，很明顯，競爭將會異常激烈。經過簡單交談，公司通知他一個星期後參加筆試。

憑著專業知識，筆試中，他輕鬆過關，兩天後面試。他對自己八年的工作經驗無比自信，堅信面試不會有太大的麻煩。然而，考官的問題是關於軟體業未來的發展方向，這些問題，他竟從未認真思考過。他失敗了，這令他始料未及。

但他覺得公司對軟體業的理解，令他耳目一新，雖然應徵失敗，可是他感覺收穫不小，有必要寫封信給人家，以表感謝之情。於是他立即提筆寫道：「貴公司花費人力、物力，為我提供了筆試、面試的機會，雖然落選，但經由應徵過程使我大長見識，獲益匪淺。感謝你們為之付出的心力，謝謝！」

這是一封與眾不同的信，落選的人沒有不滿，毫無怨言，竟然還給公司寫來感謝信，真是聞所未聞。這封信被層層傳遞，最後送到總裁的辦公室。總裁看了以後，一言不發，把它鎖進抽屜。

三個月後，新年來臨，他收到一張精美的新年賀卡，上面寫著：「尊敬的先生，如果您願意，請和我們共度新年。」賀卡是他上次應徵的公司寄來的。原來，公司一出現空缺，他們首先想到了他。

這家公司就是美國微軟公司，那位應徵者便是史蒂文斯。十幾年後，

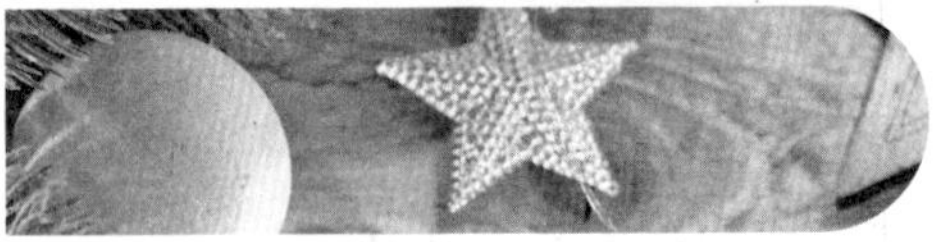

成功不難 貴在用心

憑著出色的業績，他一直做到了副總裁。

史蒂文斯遭到失敗和挫折，沒有怨天尤人，沒有悲觀失望，而是以一顆感恩的心面對和包容一切。他寬闊的胸懷，高尚的品性，感化和打動了世界，進而迎來柳暗花明，一路陽光燦爛。

心寬路自寬，你以何種心態去對待生活，生活就將怎樣對待你。心寬天地寬，把心放寬，成功一定屬於你。

若想成功，就需要放寬心，經得起煩囂。人要經得起各種煩惱才能有成就。好比作為一個學生，光是考試就令你煩不勝煩，但你必須接受事實，才會努力不懈；身為老師，你要指導不同的學生相同的問題，一再重複，但你必須能耐得住性子，才能成就學生的學業；商人做生意失敗了，得捲土重來；藝術家作品做壞了，也得再來一次。人世間所謂「人多事多」，經不起別人的吵鬧，經不起外境的干擾，經不起各種煩瑣，深陷在煩惱裡，則無法跳脫困境。

成功需要忍耐，當你受委屈，感到氣憤時，請放寬心，因為世上沒有人處處得意、天天歡喜，有時不如意的事情會接踵而來，覺得自己受盡了委屈。但是，生氣能解決問題嗎？生氣不但不能成就好事，反而還會壞事。所以，生氣的時候要先忍之於口，不要輕易罵人；再忍之於面，不要展現憤怒的樣子；再忍之於心，心不氣了，最後就沒有事了。

有勇氣有能力的人應該經得起狂風暴雨的吹打，應該抵得住一切魔障的攻擊破壞。榮辱毀譽來時要忍得住、耐得下，這樣才能成就一番事業。

有一個充滿哲理的小故事：

一個年輕人總被煩惱所困，整日抱怨生活不公。一日，向佛求教快樂之道，佛微笑著要年輕人將桌上的杯子倒滿白開水，然後要他加一勺鹽，問他味道如何。

年輕人一嘗，大呼：「好鹹！」

佛又微笑著問：「如果你把這一勺鹽放到大海裡，會怎麼樣？」

年輕人毫不猶豫說：「別說一勺鹽，就是一大堆鹽放進去也不會鹹。」

佛說：「假如你的心是一片海，還會為煩惱所困嗎？」

成功不難 貴在用心

為什麼有些人遇到微不足道的挫折就感覺天要塌下來，而有些人常常經受著苦難、打擊、變故卻能泰然置之？為什麼有些人老為一些芝麻小事抱怨命運不公，悶悶不樂，甚至看輕自己的生命，而有些人卻可以在苦難、煎熬中堅強、快樂地活著？那是因為有些人的心僅僅是一個小小的杯子，而有些人的心卻像大海那樣寬廣！

心是個無形的容器，可以只裝一滴水，也可以容納無邊無際的大海，正如小雞肚腸與海量的差異。海量的人不一定都能成為大氣候，但小雞肚腸的人注定成不了大氣候。歷史上的「宰相肚裡能撐船」「大人不計小人過」都源自心寬如海的人生哲學。

放寬心，前路就會變得寬廣無比。人的成敗往往只在於一念之間，而念由心生，如果你的心是一個杯子，一勺鹽也會讓你感到好鹹；如果你的心是一片海，成堆的鹽也不會有鹹的感覺。心寬路自寬，懂得此理，成功的行列中一定會有你的身影。

09
別跟自己過不去

生氣是自我懲罰，煩惱是跟自己過不去。

——佚名

別跟自己過不去，放寬心，生活就將充滿樂趣。人活一世，圖的不是身外之物，而是追尋人生的真諦，獲取心靈的平和與充實。

但並非人人都是聖賢，總會有各種各樣的過失，各式各樣的煩惱，有些大度的人可以一笑而過，而另一些人則在小小的煩惱面前都可以長吁短歎，惶惶不可終日，把自己困在一座愁煩的城裡走不出來，對這些人，不妨把心胸放開一點，給自己找一個出口，轉移注意力，當你站在煩惱之外再回頭去看時，往往會覺得自己曾是多麼可笑地折磨自己。

心靈是自由的，沒有人可以為它套上枷鎖，唯一能鎖住它的，只有你自己，所以，別和自己過不去，讓煩惱止步，與快樂相伴，才是人生應有

成功不難 貴在用心

的境界。

有這樣一則古老的寓言：

有一個年輕的農夫，划著小船，為另一個村子的居民運送農產品。那天的天氣酷熱難耐，農夫汗流浹背，苦不堪言。他心急火燎地划著小船，希望趕緊完成運送任務，以便在天黑之前能返回家中。

突然，農夫發現，前面有一艘小船正沿河而下，迎面向自己快速駛來。眼見著兩艘船就要撞上了，但那艘船絲毫沒有避讓的意思，似乎是有意要撞翻農夫的小船。

「讓開，快點讓開！你這個白癡！」農夫大聲地向對面的船吼叫道。「再不讓開你就要撞上我了！」但農夫的吼叫完全沒用，儘管他手忙腳亂地企圖讓開水道，但為時已晚，那艘船還是重重地撞上了他。

農夫被激怒了，他厲聲斥責道：「你會不會開船！這麼寬的河面，你竟然撞到了我的船上！」當農夫怒目審視對方小船時，他吃驚地發現，小船上空無一人。聽他大呼小叫，厲言斥罵的只是一艘掙脫了繩索、順河漂流的空船。

在多數情況下，當你責難、怒吼的時候，你的聽眾或許只是一艘空船。很多時候，世事並不像有的人想像的那樣糟糕，有些本來不值得放在心上的事，有的人卻把它當成無法排遣的煩惱而鬱悶在心，以至於整天愁眉不展。這說明人生的很多煩惱都是自找的。

「別跟自己過不去」已經成為時下使用頻率頗高的一句流行話。可是，說說簡單，做起來並不容易。人們在生活中，總免不了有一些苦惱煩悶的事情。有些煩惱來自外界，必須正視；有些困擾則源於內心，這就是所謂「自尋煩惱」。「魔由心生」的故事說的正是這個道理。

有一個和尚，每次坐禪都出現幻覺，覺得有一隻大蜘蛛跟他搗蛋，無論怎樣也趕不走。他把這件事告訴了師父。師父要他下次坐禪時拿一支筆，等蜘蛛來了在牠身上畫個記號，看牠來自什麼地方。和尚照辦了，在蜘蛛身上畫了一個圓圈。

蜘蛛走後，他安然入定了。當和尚做完功，睜開眼睛一看，發現那個

成功不難 貴在用心

圓圈原來就在自己的肚皮上。

可見，許多我們推給他人或外物的過失，毛病竟在自己身上。當然，這種來自自身的困擾我們往往不易察覺，更難以用筆「圈」定。

天下本無事，庸人自擾之。自尋煩惱的事在人世間的確不少見。據說從前杞國有個人，整天擔心天塌地崩，自己無處藏身，因此急得吃不下飯，睡不好覺。這是何苦來呢？正如大詩人李白所道：「白日不照吾精誠，杞國無事憂天傾。」

在這個世界上，有許多事情是難以預料的。我們不能控制際遇，卻可以掌握自己；我們無法預知未來，卻可以把握現在，我們不知道自己的生命到底有多長，但我們可以安排當下的生活；我們左右不了變化無常的天氣，卻可以調整自己的心情。只有活著，就有希望。別跟自己過不去，只要每天給自己一個希望，我們的人生就一定不會失色。

別跟自己過不去，不要自尋煩惱。有人說：「人生容易，活容易，真正的生活不容易。」所以，面對生活的現狀、面對層出不窮的荊棘，我們還是要在含淚播種的同時好好地爭取含笑收穫吧。

人生在世，真的像朝陽耀眼、夕陽深沉一樣，每個人都有自己的無奈、每個人也都自有他說不盡、道不明的煩愁。既然這樣，我們就要嘗試著為自己搭好一架攀向於快樂、成熟、與感恩的梯子，只要肯往前看、往上走，我們便有足夠的理由和可能開闊心胸與放眼春色；有足夠的信心和勇氣迎來生命的最亮與最美，這將是多麼值得我們嚮往、渴盼與追求的生命中無限的開闊與盡美？

生命是有限的，但希望是無限的，只要我們別跟自己過不去，不忘每天給自己一個希望，我們就一定能夠擁有一個豐富多彩的人生。其實，生活中出現的煩惱多是心理問題，想得太多、心思過重。

有位心理學家做了一個很有意思的實驗，他要求一群實驗者在週日晚上，把想到的未來七天的煩惱事都寫下來，然後投入一個大型的「煩惱箱」。

到了第三周的星期天，他在實驗者面前打開這個箱子，逐一與成員核

成功不難　貴在用心

對每一項「煩惱」，結果發現其中有九成煩惱並未真正發生。

接著，他又要求大家把那剩下的字條重新丟入紙箱中，等過了三周，再來尋找解決之道。結果到了那一天，他開箱後，發現那些煩惱也不再是煩惱了。

這就是所謂的「自尋煩惱」。據統計，九十二％的憂慮從未發生過，剩下的八％中有的是你能夠輕易應付的。有一個祕密是醫生都知道的，那就是：大多數疾病都可以不治而愈。同樣，大多數的煩惱都會在第二天早晨少了很多。

把心放寬些，別跟自己過不去，凡事多往好處想，你的生活自然會少一些煩惱，多一些快樂。

Chapter 3

人脈是通往成功的入門票

「一個人能否成功，不在於你知道什麼，而是在於你認識誰。」關係圈決定了你的人生高度，也決定了你的財富。人脈即財脈，它是一個人取得成功的關鍵。擴大關係圈，維穩關係圈，向更高的目標邁進。

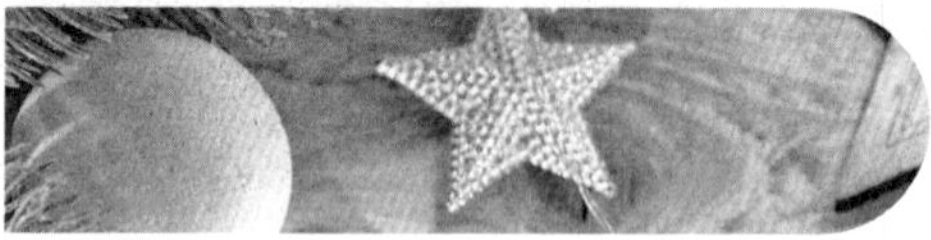

成功不難 貴在用心

01 自我推銷是成功的第一步

推銷的要點不是推銷商品，而是推銷自己。

——喬・吉拉德

自我推銷是走向成功的開始。如何讓別人認識你，如何展現你的能力，獲得他人的認可。這些都需要具備自我推銷的能力，在現實生活中，我們常常會看到這樣的現象，有些人才華橫溢，但是找不到理想的工作；有些人工作勤勤懇懇，頗有成效，但得不到上司的賞識。於是他們開始歎世道的不公，歎英雄無用武之地，其實並不是他們沒有能力，而是他們不會推銷自我，進而埋沒了自己的才能。

在現代社會中，善於進行自我推銷非常重要。不論你從事何種職業，自我推銷的能力都是必備的，你隨時都在向別人推銷你的觀點和意見，其主要目的就是使別人認同你、接受你、欣賞你。

推銷自我，說得再簡單一些就是展示自己，這和吹噓自己是完全不同的。你的言談舉止、社交禮節、學識修養的展示，不僅使別人對你的言行產生一定的印象，也使你能更有效地改進自己，順應社會。

在西方經濟發達國家，流傳著這樣一句話：「沒有賣不出去的商品，只有賣不出去商品的推銷員。」推銷人員要把商品賣給顧客，除了要掌握必要的推銷技巧，熟知市場知識、產品知識、消費者知識外，更須做到：成功推銷自己——讓顧客在購買商品前首先接納推銷員。

日本保險業泰斗原一平在二十七歲時進入日本明治保險公司開始推銷生涯。當時，他窮得連午餐都吃不起，並露宿公園。

有一天，他向一位老和尚推銷保險，等他詳細地說明之後，老和尚平靜地說：「聽完你的介紹之後，絲毫引不起我投保的意願。」

老和尚注視原一平良久，接著又說：「人與人之間，像這樣相對而坐的時候，一定要具備一種強烈吸引對方的魅力，如果你做不到這一點，將來就沒什麼前途可言了。」

原一平啞口無言，冷汗直流。

老和尚又說：「年輕人，先努力推銷自己吧！」

「推銷自己？」

「是的，要推銷產品首先必須推銷自己，先要讓別人認可你，然後才是你的產品。」

老和尚的話給了原一平很大觸動，從此，原一平開始努力推銷自己，改善自己，大徹大悟，終於成為一代推銷大師。

推銷自我是一種技巧，更是一門藝術。在向別人推銷自己時，注意方式方法，可以適當誇大。胡適先生在美國哥倫比亞大學讀書，博士學位沒有通過，但他卻打著這個博士學位的招牌到北大任教授。

沒有這張美國明星大學的博士文憑，要以二十出頭的毛小子在北大任教尚且困難，要做教授更是不可能。等到胡適在北大當上教授，顯示了雄厚的實力，有了廣泛的影響力之後，又容易得到美國哥倫比亞大學的承認。這就是推銷自我的經典案例。

推銷自我與我們的生活緊密相連，你會發現，生活中的每一個環節，都需要發揮推銷的功能。例如，向戀人推銷自我的感情，向老闆推銷提案，向出版社推銷自我的作品等。

在生活中，我們每天都面臨著自我推銷的學問。當你學會了推銷自己，你幾乎也就可以推銷其他任何值得擁有的東西。

在工作中，我們需要有向上司推銷自我的能力，展示自己的才華與魅力，只有成功地把自己展示給上司，讓對方發現你的能力，才有機會被提拔、重用。

現實生活中，幾乎在所有的領域，成功都與自我推銷能力以及博取別人承認自己的工作能力密切相關。不管是要求提高工資，還是爭取預算，自我推銷對成功都起著至關重要的作用。

億萬富翁羅斯·佩羅，歌星瑪丹娜不一定是因為在各自行業最有學問、最能幹、最有才華，才取得今天的成就。最重要的是，他們知道如何最大程度表現自己，並從不因此而猶豫不決。因此，如果你有實力，讓人瞭解你，信任你，這沒有什麼不好。努力推銷自我吧，一個倡導推銷自我的時代已經來臨，除了市場經濟，還有網路，這都是每個人推銷自我，展示自己的舞台。

一個人的價值究竟有多大？創造的成果能否得到承認？無疑要得到社會的普遍肯定。然而，要贏得社會的肯定，就離不開自我推銷。二十世紀的六〇年代日本著名的「推銷大王」齊籐竹之助有個著名的觀點：人人都是自己的推銷員，不管你是什麼人，從事何種工作，無論你的願望是什麼，若要達到你的目的，就必須具備向社會進行自我推銷的能力。能否成功，取決於你如何進行自我推銷，以及你能力的大小。一個不會進行自我推銷的人注定了失敗的命運，無論他多麼出色，如果不懂自我推銷，就注定是悲劇人物。

這是一個科學巨人的悲哀。亨利．卡文迪許曾是英國傑出的物理學家和化學家，他對當時的物理學，在理論和實踐方面都有過獨到的見解，但他離群獨居，不願離開家園一步，所以在將近五十年的科學生涯中，竟沒有出版過一本專著，致使許多有價值的手稿被埋沒了幾乎半個世紀。

此事給了人們一個啟迪：在競爭日趨激烈的知識經濟時代，要使自己的研究成果得到社會的承認，就必須勇敢地站出來推銷自己。

據權威人士披露，如今世界上每三秒鐘就有一項新產品問世，幾乎每十秒鐘就有一項重大的科學成果被發明，而且同質同類的研究成果越來越多，誰搶先一步，推銷出去，誰就成功。如果晚了一步，也許這一生的心血就付之東流了。

有一位青年在人生的道路上屢遭失敗後，感到自己一無是處，毫無價值，迷惘中就去請教一位智者，詢問自己到底有多大價值，能不能幹大事。

智者給了他一塊普普通通的石頭要他去賣，並告訴他一個祕訣。

他第一次捧著石頭來到市場，本以為無人問津，後來出乎意料的，有人願意出一美元買下石頭。不過他按智者的囑咐，沒有賣，回來了。

智者要他再去賣，這一次，有人願意出兩美元，甚至有人願意出更多的錢想買下石頭，他還是沒有賣。

智者要他第三次去賣，這一次引來了眾多人的圍觀，人們七嘴八舌，認為這塊石頭絕對不是一塊普通的石頭，可能有著神奇的來歷，有人願意出數千美元買下它，但他還是堅持不賣。

回去後，智者讓他再出去賣，此次這位青年表現出氣度不凡的模樣，人們紛紛猜測，這塊石頭一定是個無價之寶。事後，這位青年終於明白了：這塊石頭的價值——無價之寶，就是他本人的價值。

學會推銷自己，你就是無價之寶。自我推銷是成功的第一步，讓別人認識到你的價值，你就會得到更多展示自己的機會。

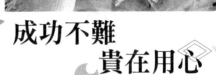

02

人脈是取得成功的關鍵

人際關係是人與人之間的溝通，是用現代方式表達出聖經中「欲人施於己者，必先施於人」的金科玉律。

——卡內其

在好萊塢流行一句話：「一個人能否成功，不在於你知道什麼，而是在於你認識誰。」卡內其訓練區負責人指出，這句話並不是叫人不要培養專業知識，而是強調：「人脈是一個人通往財富、成功的入門票。」

人脈即財脈，它是一個人取得成功的關鍵。因此，若想成功，就要有廣大的人脈支持，就需要擴大你的交際圈。

美國石油大王洛克菲勒在談到人際關係問題時說：「應付人的能力也是一種可以購買的商品，正如糖或咖啡一樣。我願意支付酬金購買這種能力，它比世界上的任何別的東西都有用得多。」

為什麼人際關係問題受到人們如此重視？這是因為沒有任何一個人可

成功不難 貴在用心

以脫離社會而獨自生存，也沒有任何一種事業可以只靠孤軍奮戰而實現成功。所以能否更好地處理與他人之間的關係常常成為人們能否成功的決定性因素。社會上的成功者其實沒有什麼所謂的成功祕笈，只是因為他們擁有高品質、高層次的人脈圈。因此，快速拓展人脈圈將有助於早日成功。

那麼，如何結識更多的人呢？如何構建自己的人際關係網呢？關鍵的一點就是要主動出擊。

有位培訓師講過這樣一個故事。他曾有幸參加喬·吉拉德關於人脈的演講。演講前，他不斷地收到喬·吉拉德助理發過來的名片，在場的兩、三千人幾乎都是如此，都有好幾張。沒想到，等演講開始後，喬·吉拉德的動作卻是把他的西裝打開來，至少撒出了三千張名片。當時，現場一片瘋狂。他說，各位，這就是我成為世界第一名推銷員的祕訣，演講結束！可見，建立人脈資源需要最重要的東西就是——主動出擊！

成功人士不會主動來找你，而是要靠你用心去結識。有一句話說得很有道理：跟百萬富翁在一起，你就能有十萬年薪；跟千萬富翁在一起，你就能成為百萬富翁。主動出擊，擴大交際圈，結識更多的成功人士，為成功鋪路，給未來打下堅實的人脈基礎。

那麼，如何擴大交際圈呢？下面的方法會給你啟示：

1、透過熟人介紹，拓展人脈資源

根據你的人脈發展規劃，列出需要開發的人脈對象所在的領域，然後經由熟人介紹的方式去結識你所希望的人脈目標。

2、多參加社團活動，拒絕自我封閉

有些人性格內向，自我封閉，常常禁錮在狹窄世界中，這樣將不利於身心健康與個人發展。多參加各種社團活動，可以在自然狀態下與他人建立互動關係，進而認識更多的人。同學會、同鄉會、戰友會、聯誼會、慶典等等，如果有時間，盡可能多參加聚會。

有些人本能地厭惡或害怕參加鬧鬨哄的聚會，認為這些活動純粹是在浪費時間和精力。當然，你若是想做一個獨善其身的人，這些活動對你來說的確是浪費時間和生命。但如果你想擴展你的職業和事業，那麼這些活動對你來說就是必不可少的。

3、網路讓你結交更多的朋友

網路是最便宜、最方便、最實用的交際平台，利用網絡，結識形形色色的人，是一個不錯的選擇。

4、良好的溝通和真誠的讚美助你完善人際關係

若想成功，就要善於把握機會，抓住一切機會去培育人脈資源與關係。其實，機會就在我們身邊，關鍵在於如何把握。真誠讚美與良好溝通，是拉近彼此間距離的有效方法之一。

5、勇敢出擊，愈挫愈勇

若想得到貴人相助，需要我們執著地努力。很多人既想得到貴人相助，又害怕被人拒絕，這樣是不可能成功的。其實，別人也想和你認識，而關鍵是你要勇敢地跨出這一步。

6、修身種德，為事業成功打好基礎

「合抱之木，生於毫末；九層之台，起於累土；千里之行，始於足

下」。想要成就事業，獲得人脈資源，必須要打造好自己堅實的根基，使自己有足夠大的空間來放下和接納這些財富。其中，培養個人良好的品德就是第一步。

7、慷慨大氣之人才能廣交天下朋友

現代社會，建立人脈遠遠不是過去所謂的「拉關係」那麼簡單，它包含很多層次的東面，需要用心經營。其中，慷慨待人，讓人感受到你的大氣是必須的，這樣才能廣交天下仁人志士。

8、重視每一個人，即使他們現在很卑微

千萬不要懷著一份過於勢利的短淺眼光經營自己的人脈，別人富貴，出金入銀，就一副小人嘴臉伺候著，別人是個窮困潦倒的小人物就忽視、輕視和鄙視之。

9、在朋友最需要的時候伸出援手

有人說檢驗朋友最好的辦法就是在自己患病之時，在失意之時，在退休之後。

10、鎖定現階段最需要結識的人，逐步精簡

只有不斷地認識那些能夠改變或幫助你的人，才能構建真正有價值的人脈圈。清理你的人脈有時就像清理你的衣櫃一樣，將不合適的衣服清出衣櫃，才能呈現出美麗、裝扮合宜的你。對於此時的你來說，最應該學會的是如何結交關鍵和重要的人物。

11、互利互惠是準則，這樣的人脈圈才更堅實

朋友間的互利互惠無疑是促進關係的一支甜蜜劑，就像你得到了某種特殊的優惠一樣。而只有互利互惠，才能使關係更堅實可靠。

12、學會感謝，鞏固友誼

在別人為你做了一些事情時，一定不能只是說一聲「謝謝」。如果你的朋友幫你不止一次地尋找你急需的關係，不論你是否用到了他介紹的關係，也應該視事情的大小，向別人表示更深切的謝意，同時，表達你也很想給予他一些能用上的幫助。這樣，他一定不會拒絕一個有教養的人再次需要幫助的請求。

03 想改變別人，先改變自己

想要改變世界，就先改變自己。
——佚名

很多時候，我們習慣於抱怨別人，希望別人能有所改變。其實，若想改變別人，首先要改變自己。

一位英國主教的一段墓誌銘寫道：「少年時，意氣風發，躊躇滿志，當時曾夢想改變世界。但當我年事漸長，閱歷增多，發現自己無力改變世界。於是，我縮小了範圍，決定先改變我的國家，可這個目標還是太大了。接著我步入了中年，無奈之餘，我將試圖改變的對象鎖定在最親密的家人身上。但天不遂人願，他們個個還是維持原樣……」

李開復說過：改變自己有能力改變的事，接受不能改變的事，有能力區分什麼是可以改變的，什麼是不能改變的。既然無法改變別人，就先改

成功不難 貴在用心

變自己。

某公司改革，業務重新劃分，人員變動，甲員工被調到了另一個部門。甲是寫了申請自願去的，可是去了之後又有些後悔，都快三個月了還不能安下心來踏實工作。

一天，甲找到經理，試探著問：「我能否再回來？」

經理問：「為什麼？那部門很不錯的啊！」

他說：「不習慣，看著所有的人都不順眼。」

經理沒馬上接話，而是琢磨該說什麼，是深說還是淺說，是答應他回來的要求，還是勸說他回去好好工作。想來想去，經理覺得不能答應他回來的要求，還是讓他回去好好工作。

經理沒給他講大道理，而是反問了他一句話：「他們看你順眼嗎？」

他沒猶豫掩飾，順口就說：「他們也看不慣我，就連部門長官也對我有看法，會議上不點名地批評，會議後還找我談話了呢。」

根據經理對他的瞭解，認為問題出在他自己身上。甲有個自以為是的毛病，原部門的同事都瞭解他，也就不跟他一般見識，但新部門的員工誰吃他那一套？

經理沒耐心勸說，而是像命令一樣對他說：「回去吧，學著去看慣別人。」

又過了幾個月，他路過經理的辦公室，順便進來看經理。經理又問起他的情況，經理半開玩笑說：「看那些人順眼了嗎？」

他笑著說：「順眼，順眼。」

經理又問：「他們看你順眼嗎？」

他又說了兩個順眼。之後他還補充說：「最近，上司在大會上表揚了我，我是唯一受到表揚的，還給我提報了公司最佳貢獻獎呢。」他說話的時候非常興奮，一臉光彩，與原來那種不開心的樣子簡直判若兩人。

「你怎麼變化過來的？」經理問。

他說：「還不是你上次教訓的那句話？那句話真的起了作用。我先檢討了自己的言行，然後慢慢去習慣大家，結果就看誰都順眼了，然後大家

成功不難　貴在用心

看我也就順眼，我的心氣也就順了。」

最後，經理對他說：「再送你一句話：要想改變別人，就要先改變自己。」與其改變別人，不如改變自己。因為你根本無法改變別人，能改變的，只有你自己。

還有這樣一個故事：

一位講師正在準備演講的稿子，他的小兒子卻在一邊吵鬧不休。父親無可奈何，便隨手拾起一本舊雜誌，把色彩鮮豔的插圖——一幅世界地圖，撕成碎片，丟在地上，說道：「兒子，如果你能拼好這張地圖，我就給你兩塊錢。」

父親以為這樣應該能使兒子花費上午的大部分時間，但是不到十分鐘，兒子就來敲他的房門。

父親看到兒子如此之快地拼好了一幅世界地圖，感到十分驚奇：「孩子，你怎麼這樣快就拼好了地圖？」

「啊，」孩子說：「這很容易。在另一面有一個人的照片，我就把這個人的照片拼在一起，然後把它翻過來。我想如果這個人是正確的，那麼，這個世界也就是正確的了。」

父親微笑了，給了兒子兩塊錢。「你替我準備了明天演講的題目：如果一個人是正確的，他的世界也就會是正確的。」

沒錯，如果一個人是正確的，他的世界也就會是正確的。改變世界也許很難，但改變自己卻較為容易。在生活中，與其改變別人，不如先改變自己。當自己改變後，眼中的世界以及身邊的人自然也就跟著改變了。

有一個人在社會上總是落魄，不得志，於是就有人向他推薦去找禪師尋求解脫的妙策。

他找到禪師。禪師沉思良久，默然舀起一瓢水，問：「這水是什麼形狀？」

這人搖頭：「水哪有什麼形狀？」

禪師不答，只是把水倒入杯子，這人恍然大悟似的說：「我知道了，水的形狀像杯子。」

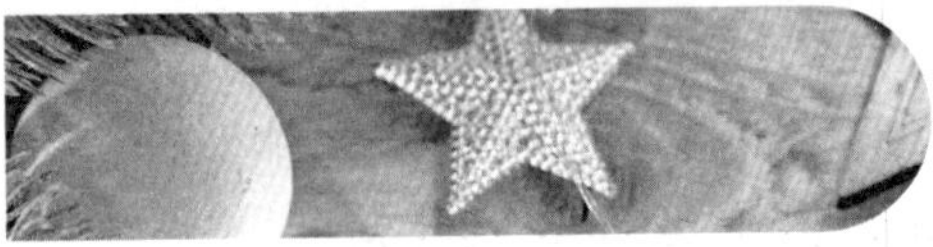

成功不難 貴在用心

禪師沒有回答，又把杯子中的水倒入旁邊的花瓶，這人又說：「我又知道了，水的形狀像花瓶。」禪師搖頭，輕輕提起花瓶，把水輕輕倒入一個盛滿沙土的盆。清清的水便一下溶入沙土，不見了。

這人陷入了沉思。

禪師俯身抓起一把沙土，歎道：「看，水就這麼消逝了，這也是一生！」

這個人對禪師的話咀嚼良久，高興地說：「我知道了，您是透過水告訴我，社會處處像一個個規則的容器，人應該像水一樣，盛進什麼容器就是什麼形狀。而且，人還極可能在一個規則的容器中消逝，就像這水一樣，消逝得無影無蹤，而且一切無法改變！」這人說完，就緊盯著禪師的眼睛，他急於得到禪師的肯定。

「是這樣。」禪師拈鬚，轉而又說，「又不是這樣！」說完，禪師出門，這人隨後。

在屋簷下，禪師蹲下身，用手在青石板的台階上摸了一會兒，然後頓住。這人把手指伸向剛才禪師手指所觸之地，他感到有一個凹處。他迷惑，他不知道這本來平整的石階上的「小窩」藏著什麼玄機。

禪師說：「一到雨天，雨水就會從屋簷落下，看，這個凹處就是水落下長期打擊造成的結果。」

此人大悟：「我明白了，人可能被裝入規則的容器，但又像這小小的水滴，改變著堅硬的青石板，直到破壞容器。」

禪師說：「對，這個窩會變成一個洞！」

這個人答：「那麼，我找到答案了！」

禪師不語，用微笑和沉默與這個人對話。

這人離開了禪師，重新回到了社會，他用行動與禪師對話。這世間又多了一個充滿活力的人。

故事中，禪師對那個人的啟發，歸根結底就是要讓他明白：社會是有規則的，或者說是以固定的形態出現的，但是人卻是可以隨時改變形態以適應社會的，說得更簡單一些就是要善於改變自己。

成功不難 貴在用心

改變自己，學會適應，你就不會再抱怨周圍的一切。對於社會而言，我們就像是一滴水，既然如此，我們就要像水適應容器一樣來適應社會。如果，總是特立獨行於社會之上，你就很難得到別人的接納。同時，你會想著去改變別人，到頭來才發現什麼都沒有改變，空忙一場。

印度聖雄甘地說「：在這個世界上，你必須成為你希望看到的改變。正如你希望看到別人的微笑，可以先將微笑帶給他人；當你希望看到城市的整潔，不如自己先來做環保；當你希望得到別人的關懷，何不先送出溫暖，照顧他人？當我們不再將眼睛盯著別人，而是回歸自己的心靈世界，將內心的塵埃打掃乾淨時，會發現自己改變了，周圍的一切都改變了，世界也隨之變得美好。」

其實，改變別人不是目的，而是自然的結果。能拼好人生這張圖，身邊的世界也隨之調正。

讓我們再來看看那位英國主教墓誌銘的後半段：「當我垂垂老矣之時，終於頓悟：我應該先改變自己，用以身作則的方式影響家人。若我能先當家人的榜樣，也許下一步就能改善我的國家，再以後，我甚至可能改造整個世界。」

《大學》說：「自天子以至於庶人，一是皆以修身為本。」我們所希望的一切改變，其實就是從當下改變你自己，從修身開始！

既然我們無法改變別人，就先改變自己；當你改變了，你周圍的人也是會慢慢改變的。這個時間也許很長，卻是最管用的，並且不會傷害任何人。生活是自己的，你的每一天，每一份快樂，都得靠自己去感受，去捕捉。改變別人是事倍功半，改變自己是事半功倍。相信自己吧，美好生活從改變自己開始！

04 真正的交友之道

一個不是我們有所求的朋友，那才是真正的朋友。

——赫巴德

生命輪迴在得與失之間，驀然回首，發現終點又是原來的起點。這個世界本來就是分分合合、和和分分，人與人之間應多一點寬容，少一點挑剔。人生不要對朋友祈求太多，對朋友求全責備的人終將失去朋友。

大千世界，茫茫人海，一個人顯得是那樣的形只影單，靠一個人的力量在這世界上生存，會遇到許多無法解決的難題。為了生存，人要與人交往，交往多了便成了朋友。人一生會交很多的朋友，有志趣相投的，有利益夥伴的，有純粹酒肉的，還有假借朋友之名，坑你沒商量的等等，不可謂不五花八門，精彩紛呈。

當然，其中交織著情感和利益關係的居多。比如，找你辦事，或者你找別人辦事。找了朋友幫忙，總感到事情會辦的妥帖些。但找了朋友幫忙，還不能完全只憑這句話將事情搞定，少不了請吃客喝酒。出於尊重，出於感謝，出於聯絡感情，出於嘴腹的實惠等，恐怕兼而有之。

對朋友的選擇是說不清的，有的人你和他打了一輩子交道，但絕不會成為好朋友；有的人你第一次見面就有相見恨晚的感覺，不論他在什麼地方，你總能感到你和他彼此的心是相通的；有的人卻需要長時間地去認識，去觀察、去走進他的心靈。因此，絕不苛求朋友，金無赤足，人無完人。不要以自我為中心，用自己的標準去衡量朋友，一旦他們沒有符合自己的要求，就認為他們不是好朋友，這樣做是非常自私的。

對待朋友，不必求全責備。因為是朋友，可以清楚地看到彼此的缺點，這會讓你在某些時刻感到失望，但這不應該影響你們的友誼關係。

我們看待一件事物的態度，往往和我們所處的角度有關係，比如我們去看大熊貓，往往是帶著欣賞的眼光，所以就把牠的笨拙看成了憨態可愛，把牠因為是消化不良而導致的大量吞吃竹子看成了胃口好。同樣，以欣賞的眼光看待朋友，你們的友情才能一直充滿陽光。

所謂「水至清則無魚，人至察則無徒」。每個人都有缺點，不可能十全十美，對待朋友我們不能一味地讚美，但是我們也不能抓住一個缺點就不放，要學會寬容對待別人。

成功不難 貴在用心

對朋友不能求全責備，就像朋友不能對你求全責備一樣，否則天下便沒有朋友可交。友誼是神聖的，真正的朋友，不會把友誼整天掛在嘴上。真正的朋友是心靈與心靈的自然融和，彼此的心裡都時常地牽掛著對方，急對方所急，憂對方所憂，喜對方所喜，樂對方所樂，彼此盡心盡意地去為對方做一些力所能及的事。

培根說過：「財富非永久之朋友，朋友才是永久的財富。」誰若是想去交結一個朋友，那就得用自己的心靈，誠心實意地去和人家結交，力所能及地去幫助人家，去以心換心才行。

人之相識，貴在相知，人之相知，貴在知心。一個人如果事事不為別人去著想，處處以自我為中心，存有一些私利，整天動用自己的小心眼，動用什麼詭計去交結朋友的話，那他這一輩子是不會交到一個好朋友的。

「水至清則無魚，人至察則無徒」這句俗語之所以能夠流傳至今，恐怕主要還是因為它具有勸告人們待人少苛求、多寬容的積極意義。這句俗語要求我們在工作、社會處世、日常交友中找準自己的位置，找到適合自己的生存環境，力求讓環境朝著有利自我、有利朋友、有利工作的方向發展。對朋友、同事小來小去的事情睜一隻眼閉一隻眼，這樣或許比明察秋毫直言不諱的效果好，更有利人際關係的融洽。

珍惜友情，就要有寬容的心態，得到一個好朋友需要很久時間的磨和，而失去一個朋友，卻常常在瞬間，其實和朋友相處的寬容，有一個標準，那就是用容己之心去容人，就會變得簡單多了。允許朋友偶爾的自私和背叛，多為對方想一想，多給對方時間與空間；換個角度，心中一片天，別人也許是對的，不要讓自己受執著的困惑，凡事往好處想。別人踩你一腳，不要耿耿於懷，別人拉你一把，不可轉身即忘。這樣才能使自己的人生道路越走越寬；擁有朋友的人生是燦爛的，是精彩的。

05 貴人難覓，只怕有心

未成佛果，先結善緣。

——佛語

李嘉誠先生曾經說過：良好的品德是成大事的根基，成大事的機遇是靠遇到貴人。但是，現實生活中，尋找生命中的貴人是一件多麼難的事情啊。有些人窮盡一生想要找到自己的貴人，結果卻事與願違。其實，貴人就在我們身邊，只要用心去尋找，一定能夠找到。

肖恩大學畢業後進入了一家知名的跨國公司，自知英文很差的肖恩便死記硬背了所負責產品的英文解說詞。

某日下班後肖恩單獨留在辦公室，這時走進來一位中年人，坐下來就開始用電腦工作。這時，一個客戶打來電話，正好碰上是肖恩所負責的產品，因為將產品說明背得很熟練，所以用英文「精彩」地表演了一番。

電話接完，中年人抬起頭，說了一句：「你是肖恩？英文說的很棒嘛！」

幾句話下來才得知，這位是公司副總裁。自此，受到鼓勵的肖恩信心大增，英文水平進步神速。而副總裁也經常問起那個英文很棒的小伙子工作如何，表現出色嗎？引得肖恩的同事們驚訝無比。之後，就是肖恩在副總裁提攜下的職場成功故事了。

貴人就在身邊，只要用心，一定會碰到。人生不可無貴人，在每個人的人生旅程中，除了具備良好的做人品德，還需要有成就大業的基礎和能力，它包括知識、人脈、經驗、眼界、駕馭事業的能力，當然重要的是還需要很多貴人的協助。

貴人不一定是比你權力大、地位重、財富多的達官顯貴。在你的上司、同事、朋友、下屬、競爭對手中也常常有你的貴人，或許他們就是幫助你扭轉乾坤、改變命運的人。

成功不難 貴在用心

通用電氣前總裁韋爾奇剛進入通用公司時，曾經因為通用電氣的小氣作風與加薪問題而遞出辭呈。但當時韋爾奇的上司魯本·賈多福相當賞識他，邀請他共進晚餐來加以挽留。

席間，賈多福答應為韋爾奇提高加薪幅度，更重要的是，願意支持他不受官僚體制的影響。賈多福的心意讓韋爾奇大受感動，因此決定繼續為通用電氣工作。

韋爾奇的另一個貴人，則是他在產品事業群工作時的主管查理·李德。

一九六三年韋爾奇曾因為進行化學實驗不慎，差點炸掉整棟工廠大樓。當韋爾奇向李德報告時，本身是化工專家的李德沒有痛罵韋爾奇，反倒以理性的態度幫助他解決問題、為他打氣，這不僅讓韋爾奇在通用電氣的前途沒有受到影響，也讓韋爾奇學習到領導者應有的風範。

通用電氣前副董事長赫姆·魏斯，更是韋爾奇心中非常重要的貴人。魏斯與韋爾奇無話不談，也一直協助向來有話直說的韋爾奇和通用電氣的高層溝通。甚至在世前，魏斯還不忘向當時的董事長瑞吉納·瓊斯推薦韋爾奇是「通用電氣裡頭真正有前途的人」。

「我無論到哪裡，似乎總能找到良師益友，」韋爾奇強調，「若非這些人鼎力相助，或許傑克·韋爾奇這個傢伙會一輩子默默無聞。」

若想成功，就不能缺少貴人相助。貴人之所以「貴」，是他們能在某些方面給你幫助和指點。人生中不可無貴人，只要你用心去留意、去觀察、去把握，只要你學會對每個人熱情相待，學會把每件事做到最好，學習對每一個機會都充滿感激，並隨時與你周邊的人保持親密的關係，貴人就會在無意之中、在你需要的時候、在你陷入困境時來到你的身邊。

06 與其討好別人，不如武裝自己

與其討好別人，不如武裝自己；與其逃避現實，不如笑對人生；與其聽風聽雨，不如昂首出擊！

——劉心武

與人交往不是要討好別人，關鍵在於做好自己。如果一味討好別人，只會招來他人的厭惡。現實生活中，討好每一個人是不可能的，也是沒有必要的。親近別人要自然，投機心態要改變，有時間討好，不如踏踏實實做事，討好別人總是靠不住，自己努力才實在。

很多人總是希望討好別人，希望別人都能喜歡自己，結果卻發現適得其反。其實不用去取悅別人，只要相信自己，肯定自己就可以了。世界那麼的大，是很難做到每一個人都喜歡你的，只要你學會體諒別人，關心別人，做好自己。那麼別人就會自然向你靠攏，所以還是自然點好。

在遭到別人批評的時候，一定要看批評的意見是否正確，如果自己是錯的，就坦然承認並盡快改掉；如果自己是對的，就要敢於堅持原則。

有人問美國華爾街四十號國際公司前總裁馬修・布拉：「你是否對別人的批評很敏感？」

他說：「早年，我對這種事情非常敏感，我急於要使公司裡的每一個人都認為我非常完美。要是他們不這樣想的話，就會使我憂慮。只要一個人對我有一些怨言，我就會想法子取悅他。可是，我做的討好他的事，總會讓另外一個人生氣。等我想要補償這個人的時候，又會惹惱其他的人。

最後我發現，我越想討好別人，就越會使我的敵人增加。所以，我對自己說：『只要超群出眾，你就一定會聽到怨言，受到批評，還是趁早習慣。』這一點對我大有幫助。

以後，我決定盡自己的最大能力去做，而把我那把破傘收起來，讓批評我的雨水從我身上流下去，而不是滴在我的脖子裡。」

所以，面對批評坦然接受，不要試著討好批評你的人，這只會讓看好

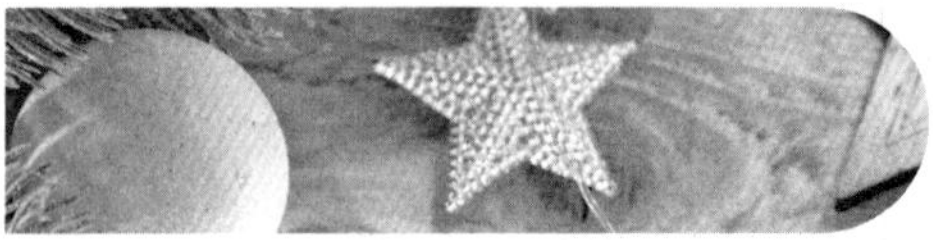

成功不難 貴在用心

你的人失望。不要想著取悅每一個人，世上沒有完美的人，不會所有的人都會喜歡你，只有相信自己，堅持自己的原則，那麼才會有越來越多的人願意接近你。

每個人都有一個討好他人的上限，超出此限，他就會努力維護自己的利益，甚至會變得具有攻擊性，過分取悅他人，要麼是有求於人，要麼是狹隘的江湖義氣。取悅於人要掌握原則，當別人習慣了你一直說「是」，一旦發現你說「不」，便會愀然作色。你完全可以漠視他們的反應，或者直截了當地拒絕他們，當然，要注意方式。

平時很多人的討好手段，多數都是溜鬚拍馬、戴高帽等等，這些手段都是非誠心、虛假的，一不留神就拍到馬腿上去了，最終不僅無法取悅於人，還會成為大家的笑柄。

現實生活中，有些人是眾人眼裡的大好人——對家人無微不至、對朋友有求必應，即便是對陌生人也慷慨相助，哪怕自己受苦受累受傷害，也從不對別人說一個「不」字……但是，心理學家認為，一味討好別人的這種友善無私的性格或許是一種病態。先來看一個故事：

泰勒的朋友對工作、家庭、朋友面面俱到，撫育兩個孩子、照看房子、參加家庭教師協會會議；照顧老母親之餘還當起兼職護士；親友們有問題也都愛向她求助，一個侄女每天打電話給她，控訴自己丈夫，聲稱婚姻走到盡頭，一說就是數小時，時而痛哭流涕，時而怨聲載道。

表面來看，這名朋友是大家眼中最友善無私的人。而她私下對泰勒坦誠，自己身心俱疲。有一次面對一名傾訴煩惱的同事，她表面上禮貌應對，還不斷安慰對方，實際上早已不耐煩，「我真想叫她閉嘴或滾開，想打她一耳光。」

泰勒說，人們從小就被教育，認為對人友善是一種好品行。許多女性和她的這名朋友一樣，不斷取悅別人，沒有原則地贊同別人、滿足別人的要求，難以對人說「不」。

美國心理學家萊斯．巴巴內爾認為，對他人友善到泰勒的朋友這種程度，已經不再是值得讚美的善良性格，而是一種病態，名為「看管人性格

成功不難 貴在用心

紊亂」或「取悅病」。

與其辛苦地討好別人，倒不如討好自己。討好自己，並不是每個人都能做得到，但也不是高不可攀的。不管怎麼說，討好自己是心理調節的一劑良藥，它會使你在枯燥乏味的職場生涯中變得更加快樂、充實與自信。

有些時候，人們費盡心機去討好別人，卻往往得不到好的結果。有一個有趣的小故事：

一個人飼養了一隻狗和一頭驢，這個人經常和狗玩在一起，每當外出時，都不忘帶一些東西回來給小狗，當小狗搖著尾巴走上前去時，就丟給牠吃。

驢看到這種情形，心裡很羨慕，也跑過去又蹦又跳，結果把主人踢倒了，主人很生氣，叫人把驢牽走，還用棍子打了牠一頓。

歷史上有很多事實，證明喜歡被討好的人，最後被小人所包圍，因而拖累了自己。喜歡討好別人的人，由於討好所有的人結果等於沒有討好任何人，勢必採取押寶的方式。押對了固然可以得勢一時，但萬一押錯了，徒然費盡心機而毫無所得，亦將會悔恨不堪。

不以討好的方式，不抱討好的態度，卻能夠得到他人的歡迎，在他人心目中佔據牢固的位置，這才是人際關係的精髓所在。與人交往並不是要討好別人，重要的是做好自己。如果能做好自己，相信會有更多的人願意與你交往，你也會因此更加快樂。

07 發怒一分鐘，就失去六十秒的幸福

在你發怒的時候，要緊閉你的嘴，免得增加你的怒氣。

——蘇格拉底

發怒是由於外在強烈刺激而引起的一種不良情緒反應，人在發怒時，會產生一系列生理變化，如心跳加快，呼吸緊迫，臉色改變，甚至全身發抖，這些變化對人體健康十分有害。

心理學家認為，動不動就大發雷霆的人只會越來越易於發怒，而不會越來越減少發怒次數，且過度的發怒將導致人的心、腦等各內臟器官受到損害。

怒，七情之一，人皆有之。眾所周知，經常發怒會損傷身體。所以，講究養生和長壽之道的人，都很注意「制怒」。因此，無論在工作還是生活中，我們都要盡可能透過自我調節，避免發怒。同時要充分認識到發怒的害處，以確保自己的身心健康。

林則徐小時候是個急脾氣，做事有時難免毛躁。林則徐的父親林賓日認為這毛病對孩子將來做人做事都很不利，於是林父就把兒子叫到跟前，和藹地說：「我給你講個故事，好不好？」

林則徐平日就愛聽爸爸講故事，便安靜地坐下來，聚精會神地聽。林賓日針對兒子性子急，辦事毛糙的毛病，講了一個「急性判官」的故事。

從前有個判官，他非常孝順父母，所以每遇不孝的罪犯，就會治罪得特別嚴厲。一天，有兩個人扭送來一個年輕人，他們對判官說：「這是個不孝之子，他不僅罵他的娘，還動手打他娘。我們把他捆了起來，他還是不停地罵，我們就堵了他的嘴。老爺，像他這樣大逆不孝的後生該不該罰？」

判官一聽是個不孝之子，立刻火冒三丈，就喊：「來人呀，給我結結實實地打這個逆子五十大板！」

這個年輕人有口難辯，只好挨了五十大板，屁股被打得血肉模糊。

這時，有個老婆婆拄著枴杖急匆匆地進來，邊哭邊焦急地說：「請大人救救我們，剛才有兩個盜賊溜進我家後院，想偷我家的牛。我兒子捉住他們，要送官府。可是，那兩個強盜反把我兒子捆走，不知帶到何處去了？求大人趕緊替我找找兒子，我只有這麼一個孝順的兒子啊！」

判官一聽，心中禁不住忐忑不安起來，心想：莫非剛才是惡人先告狀，剛才打的就是她兒子？連忙叫人去找那兩個捆人的人，但他們已溜得不見了蹤影。

這時，被打昏的人突然呻吟了一聲，老婆婆循聲一看，那不是自己的兒子嗎？怎麼被打成如此模樣！心裡一急就昏倒在地，再也起不來了。

林則徐聽了爸爸講的故事，立刻明白了這其中的意義，便說：「爸爸，你放心，我一定好好克服急躁情緒。」

林賓日說：「我看你性子急，很為你的將來擔擾，跟你說這個故事，是希望你好好改正自己的毛病。」

林則徐從此之後就非常注意克服自己的缺點，在當了大官以後，仍不忘父親的教導，在書房裡掛上「制怒」匾，以時時警誡自己。

心理學研究顯示，脾氣暴躁，經常發火，不僅增強誘發心臟病的致病因素，而且會增加患其他病的可能性。少發火的人，其死亡率和心臟病復發率會大大下降。

有效地抑制生氣和不友好的情緒，使自己更融於他人，最有效的方法在於提高自己的修養及得到親人及朋友的幫助與勸慰。

為了控制或減少發火的次數和強度，下面介紹幾種簡單易行的方法：

1、切忌常發怒，後果很嚴重

發怒時可造成心血管機能的紊亂，出現心律不齊，高血壓和冠心病等症狀。嚴重時還會導致腦血栓或心肌梗塞，以及高血壓患者的猝死。因此，當你要發怒時，首先想想自己的健康，提醒自己發怒的後果。

2、有意識地控制情緒

當憤怒的情緒即將爆發時，要用意識控制自己，提醒自己應當保持理性，還可進行自我暗示：「別生氣，生氣會傷身體。」

3、適當進行自我暗示、激勵

就是給自己提出任務，堅信自己有能力控制個人的感情。透過積極的自我暗示與自我激勵，便可以調整內心，獲得戰勝怒氣的精神力量。

4、反應適度得體

當遭受不公正待遇時，任何人心中都會火冒三丈，但是無論遇到什麼事，都應該心平氣和，冷靜處之，讓對方明白他的錯誤之處，而不應該迅速地做出不合理的回擊，進而剝奪了對方承認錯誤的機會。

5、宣洩法

大聲喊叫或大哭一場，亦或是摔打一些無關緊要的物品以釋放內心的衝動。此外，與別人聊天也可以宣洩心中的煩悶。

6、換位思考，就事論事

如果任何事情，你都能站在對方的角度來看問題，那麼有很多時候，你會覺得沒有理由遷怒於他人，自己的氣自然也就消了。

7、自我按摩

怒氣會使你的頸部和肩部內的肌肉緊張引起頭痛，自我按摩頭部或太陽穴十秒鐘左右，有助於減少怒氣，緩解肌肉緊張。

8、寬容大度

對人不斤斤計較，寬容待人，當你學會寬容時，愛發脾氣的毛病也就隨著那些不愉快的情緒自行消失了。

9、用冷水洗臉

冷水會降低你皮膚的溫度，消除你的怒氣。

10、閉目深呼吸

把眼睛閉上幾秒鐘，再用力伸展身體，使心神慢慢安定下來。

發怒一分鐘，便失去六十秒的幸福。所以，讓憤怒的情緒遠離你，才能盡情享受幸福美好的生活。

08 愁也一天，喜也一天

日出東海落西山，愁也一天，喜也一天；遇事不鑽牛角尖，人也舒坦，心也舒坦。

——寬心謠

鄧樸初先生在《寬心謠》中寫道：「日出東海落西山，愁也一天，喜也一天；遇事不鑽牛角尖，人也舒坦，心也舒坦。」一句話道出了寬心的智慧。

你是否曾經有過明知道自己是錯的，但依然堅持己見，也喜歡鑽牛角尖呢？這都是由固執心理所造成的。很多時候，我們會在身邊發現一些「悲情人物」。他們有一個共同的特點，那就是雖然並不愚鈍，卻常常陷入某一個絕對沒有好處的事情中不能自拔。任憑周圍的親戚、朋友、旁觀者如何勸說，他們總是執迷不悟，甚至還要找出很多幼稚的理由來欺騙自己，直到有一天，當他受盡折磨，終於解脫的時候，才幡然醒悟，追悔莫及。

遇事不鑽牛角尖，人也舒坦，心也舒坦。把心放寬些，戒除固執心理，你的生活將會更快樂。但是，現實生活中的很多人卻總是執迷不悟，他們的生活也因此常常陷入一團糟。那麼，究竟是什麼原因導致這些人執迷不悟呢？

心理咨詢專家介紹說：「執迷不悟指的是人們在認知過程中無法將客觀與主觀、現實與假設很好地區分開來。如果將自己這種已有的經驗駕馭現實之上，並過分固化的話，就產生了執迷不悟。」人本身對事物是有自己認知的，對事件的態度是由自己的評價來決定的，而且這種評價依賴於其自身的經驗。

此外，美國心理學家萊昂．費斯汀格在解釋人的執迷不悟的心理時，認為這是由認知失調導致的。他認為，人都會遇到信念與現實發生衝突的情況，這種情況就會導致認知平衡失調，此時，人們就會感覺難受進而會想辦法來恢復心理平衡。

成功不難 貴在用心

恢復平衡的方式有兩種，一是承認事實，二是找到一個理由來維持平衡。後者就是我們所說的認知失調——當你做決定採取行動或者遇到跟你原先預想的不一樣的信念、情感或價值觀後，引起內心衝突，所體驗到的一種心理狀態。

如果你是一個固執的人，遇事喜歡鑽牛角尖，那麼就要盡快改掉這種惡習，學會變通，以寬容之心去面對生活。俗話說：「變則通，通則久。」只要我們學會變通，許多事情都能變不可能為可能，都能變壞事為好事。不要把時間浪費在無意義的事情上，遇事不鑽牛角尖，換個角度想問題，也許事情就會呈現不一樣的局面。

《韓非子》中講過這樣一個故事：

楚莊王規定，大臣百官以及諸公子的車輛，都不能駛到茅門。有一次，楚王緊急召喚太子，天剛下過雨，平地積水難行。

太子把車子駛到茅門，連理擋駕，舉起兵器刺傷馬匹。太子跑進朝堂向父王哭訴，楚王讓太子由後門離去，只晉陞連理的薪俸，亦未因此而升連理的官職。

上面的故事是《韓非子》中一個非常著名的個案。楚莊王規定大臣百官以及諸公子的車輛都不能駛到茅門，因為茅門是楚莊王專門用來辦公的特區，這項規定是為了保障楚莊王的安全和乾淨整潔的辦公環境。結果因為下雨、積水等變數而發生了故事中的事情。

其實，等太子哭訴之後，楚莊王還對太子說了以下的話：「我是快要退位的老王，你是馬上要上任的新王，連理這樣做，難道是因為他笨嗎？他就不怕因此得罪了你，等你繼位後招來禍患嗎？這些他肯定知道，但是他為了保護老王而得罪馬上要就任的新王，其實是很了不起的，你懂嗎？」為了避免太子為難連理，楚莊王讓太子從後門出去。

不懂變通，死鑽牛角尖的人在現代社會已經越來越少，他們很難應對複雜的人際關係，因此，放寬心、學會變通才是立身處世之道。

09 別用自己的標準去衡量別人

世界上最有力的論證莫如實際行動，最有效的教育莫如以身做則；自己做不到的事千萬別要求別人；自己也要犯的毛病先批評自己，先改自己的。

——傅雷

與人交往，切忌用自己的標準去衡量別人。每個人的境遇不同，一味苛求他人，未免顯得過於刻薄。人與人之間的交往，應該多一些理解，多一些寬容。

人人都會在遇到事情時，用自己的標準去衡量，這是人的本能反應。但這項本能的反應只會阻礙我們客觀地分析他人、評價他人。所以，要盡量克服這個心理弱點。

每個人都不應該用自己的標準去看待別人，因為每個人都有自己的行為規範，有自己的行事標準，因此，你的標準只適合自己。

不以自己的標準衡量別人，不與別人比較高下，因為地球上沒有人和你一樣。你是一個人，你是獨一無二的，你不「像」任何一個人，也無法變得「像」某一個人，別人也無法「像」你。

上帝並沒有創造一個標準的人，祂讓人類有個別獨特之分，猶如祂讓每一片雪花有個別獨特之分一般。上帝造人，有高矮、大小、肥瘦、黑白、紅黃之別，祂並不偏好某個大小、形狀與膚色。所以，每個人都是獨一無二的。

過分苛求他人只會讓你的處境越來越糟，嚴重影響你的人際關係。多個人用同一把尺去畫一條線段，可能都會有多個結果。更何況多個人用多把尺呢？每一個尺就是一個標準，但誰又能保證他的尺就一定是準確無誤？

這個社會上什麼人都有，雖然沒有高低貴賤的分別，但是卻有著貧富的區別。富人有富人的生活方式，窮人也會有窮人的活法。命運對於生活中的每個人都是公平的，它不會讓你擁有一切，也不會讓你失去一切。

成功不難　貴在用心

有一天，一名大學教授到一個落後鄉村遊山玩水，他雇了一艘小船游江，當船開動後教授問船夫：「你會數學嗎？」

船夫回答：「先生，我不會。」

教授又問船夫：「你會物理嗎？」

船夫回答：「物理？我不會。」

教授又問船夫：「那你會用電腦嗎？」

船夫回答：「對不起，我也不會。」

教授聽後搖搖頭說道：「你不會數學，人生目的已失去六分之二；不會物理，人生目的又失去六分之一；不會用電腦，人生目的又失去六分之一；你的人生目的總共失去六分之四。」

說到這兒，天空忽然飄來大片黑雲，隨後吹來陣陣強風，眼看暴風雨就要來到。船夫問教授：「先生，您會游泳嗎？」

教授愣一愣答道：「不會，沒學過。」

船夫搖搖頭說道：「那你人生目的快要失去六分之六了。」

上面故事中的教授，就是那些喜歡拿自己的標準去衡量別人的人的縮影。他自己所知道的事情，就認為是最重要的，別人都應該像自己一樣，掌握這些知識，如果不懂人生就沒有了意義。

而船夫則認為教授會的那些東西都不重要，只有能讓自己活下去的本領才最重要。事實上也是他的這種能力救了他，教授所掌握的知識對教授自己卻沒有一點用處。教授最終也能明白，只有保住了自己的性命，才能讓自己的人生更有意義，自己的人生目的才能實現。

上述的故事告訴我們，不要小看別人的能力，不要以自己的標準去看別人。別人有不如自己的地方，但是他也會有比自己優秀的地方。命運對待每個人都是公平的，它不會讓你擁有一切，也不會讓你失去一切。每個人都有自己獨特的地方，所以想要以自己的標準去衡量他人的做法是幼稚的，也是應該改變的。

成功不難
貴在用心

Chapter 4

成功不難，用心而已

人的一生中，會遇到千千萬萬的困難與挫折。面對困難，有的人懦弱退卻，被困難嚇倒；而有的人卻頑強抵抗，令困難俯首稱臣。以一顆頑強的心，以滴水穿石的精神，克服人生路上的種種困難，終將登上光輝的頂點。

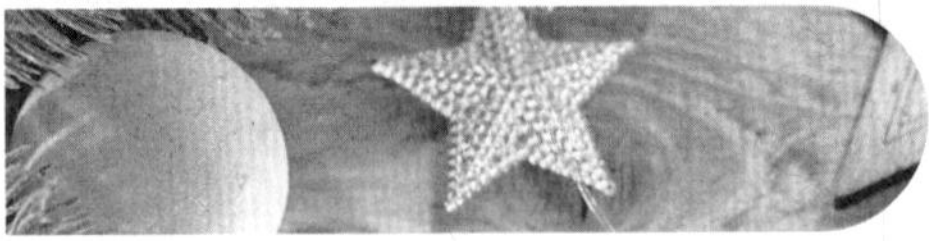

成功不難 貴在用心

01 做生活中的強者

強者向人們提示的是確認人生的價值，弱者向人們提示的卻是對人生的懷疑。

——佚名

強者生存，勝者為王，這是永恆不變的生活法則！達爾文的進化論應該給我們解釋了這個世界上的所有的優勝劣汰、弱肉強食的現象，無論是在自然界的動植物還是有社會屬性的人。

我們一出生就接受一個又一個的生存的考驗，誰都不例外。我們追求最多的還是物質的東西，當然的，因為這是個唯物主義的世界。從古至今，其實都是強者的世界，弱者的悲哀。

信宏轉了半天，找到一處修鞋鋪，他把鞋放在地上，對修鞋的師傅說：「麻煩您幫我修理鞋跟。」

修鞋人稍微停了一下手中的工作，抬眼望了信宏一眼：「稍等一會兒！」

於是信宏坐在旁邊的一個小板凳上，與他聊了起來。

「師傅，怎中午了也不休息一會兒？」

「沒事，習慣了。」

「您做這行多少年了？」

「十多年了吧。」

說話的瞬間，信宏猛然發現師傅是個殘疾人士，他只有一條腿。

「是啊，從您嫻熟的動作就能看得出來。」

「你說對了，對於鞋我只要伸手一摸，就能知道是什麼料子做的。甚至大街上過路人腳上的鞋，我只要一看，不用摸，就知道是真皮的，還是假的。」說著師傅便拿起攤上的一小塊皮子說，「你看這是次等皮子，用手使勁一撕就能撕斷。」

他讓信宏試了試，果真如此。

而後他又指著另一塊皮子說：「那才是上等貨，若用它做成皮鞋，就

成功不難 貴在用心

會是最好的。」說著又拿來鉗子，夾住它讓信宏用力拉扯。信宏無論怎麼拉，怎樣扯，那塊皮子就是不會變形。此時對於眼前這個修鞋人，信宏感到由衷地佩服。

信宏問道：「師傅，您是靠什麼判斷的？」

「靠心，以前我身體健全的時候，對鞋的面料也是完全不懂，但是因為一場車禍，我失去了一條腿……當時真的不想活了，但為了家人，我還是必須得好好活下去。而且我還有一雙健全的手，可以靠修鞋來養活自己和家人。」他的話語是那樣的堅定有力，這位修鞋人讓信宏看到了什麼是生活的強者。

人不能對命運屈服，不論命運怎樣對你，你都要頑強地面對，要用一顆堅強的心樂觀地生活，做生活的強者。

在非洲的草原上，生活著斑馬、羚羊和獅子，每天早晨，羚羊和斑馬睜開眼睛所想到的第一件事就是：我必須比獅子跑得快，否則，我就可能被吃掉。獅子也在想：我必須追得上跑得最慢的羚羊和斑馬，否則，我就會被餓死。

人類生活中，從另一個意義上也重複著同樣的故事。這個故事為我們提出這樣一個問題：我們應該同情誰？到底誰應該活下去？正確答案應該是：物競天擇，優勝劣汰，強者生存！自然界不同情弱者，市場經濟不相信眼淚。為了更好地生存，我們永遠要比別人跑得快！

也有人講過這樣一個故事：

兩個運動員在森林裡行走時遇上了一隻老虎，其中一個人急忙穿上跑步鞋，另一個人則諷刺說：「你穿跑步鞋也沒用！」

他回答說：「你以為我穿跑步鞋是為了與老虎賽跑嗎？我只要跑贏你就可以了！」

這個故事告訴我們，我們要不斷地穿上跑鞋，與身邊的人賽跑。我們要喜歡競爭，因為對手有多強我們就會有多強！

這個世界上，沒有什麼不可能的事，只是我們可能不知道有多少人私下裡正在朝著自己的目標暗自努力！成功者不一定是聰明者，但他一定是

成功不難 貴在用心

生活中的強者！任何人在競爭中取勝都會成為強者！

在艱難的生活面前，人只有兩種選擇，要麼被艱難的生活擊倒，成為它的俘虜；要麼在艱難的生活中直面困境、越挫越奮。

曾經有一個孩子，勇敢面對生活的殘酷，堅守生命的尊嚴。

有一個十幾歲的孩子，穿著破舊的衣服，在銀行等待辦理業務。這個男孩看似弱不禁風，瘦瘦的身體與寬敞明亮的銀行大廳和穿戴整齊的工作人員形成了強烈的反差，格外顯眼。

「我要存一百三十三塊。」男孩十分堅定地說。這是一種勇氣，雖然只有一百多塊錢，但卻是這個小男孩努力賺來的。

生活中沒有失敗者，只有懦弱的人。他們面對艱難的生活，沒有選擇抗爭，而是輕易放棄。做生活的強者，有尊嚴地活著，只要你努力了，你就是最棒的。

生活中有花團錦簇的成功，難以忘懷的快樂，也有進退兩難的痛苦，刻骨銘心的失敗，然而你該怎樣度過人生？強者的人生，在波浪面前，百折不撓，衝進一個個波谷，又躍上一個個波峰，直奔夢的遠方，是一個用生命投向理想的過程。要想做一個生活的強者，必須正確看待磨難，歷經一次磨難，就獲得了一次人生的亮麗。

人生的命運就像一尊雕像，磨難如同一把鋒利的雕刻刀，讓我們來做刻畫命運的雕刻家吧。生命如此短暫，人生不可輪迴，在這有限的時間裡，何不讓我們始終以強者的姿態，去完成這個短暫的行程。

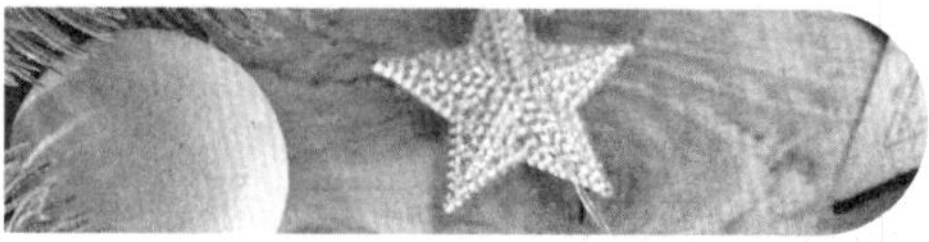

成功不難 貴在用心

02 奮鬥的路上只能靠自己

不要輕言放棄，更不要自怨自艾，因為你的悲哀只屬於你自己，別人會同情，但轉眼間便將你遺忘，只有自己才能將自己從失敗的泥潭中救贖。

——佚名

每個人來到世上都要經歷無數困難與挑戰，而我們也正是在戰勝困難的過程中一步步地自我完善著。在這個過程中，我們還能依靠誰呢？要靠自己的智慧，靠身邊的貴人，你要會尋找貴人和機會，但最後還是要靠自己！通往成功之前，必先經歷艱辛的奮鬥過程，而只有靠自己奮鬥才能最終獲得成功。

一九九二年的春天，有個滿腦子發財夢的年輕小伙子，隻身來到大城市裡尋找工作，期望能在這個充滿機遇的都市裡實現自己的夢想。

他以為可以很快地找到輕鬆又高薪的工作，但事實不然，他一再受挫，不僅連面試的機會都沒有，最後連帶來的盤纏都用完了。

只能露宿街頭的他，在某個寒冷的夜晚，一個人蜷縮在人行道上打盹，落魄而邋遢的模樣一如街角的乞丐。

這時，有個路過的婦人同情地丟給了他一塊錢鈔票，當他準備伸手撿起來時，沒想到身邊一個擦皮鞋的少女，居然搶先一步撿起了這張鈔票。

小伙子一看，氣呼呼地喊道：「這是我的！」

沒想到少女回到原位，完全不理會他的怒罵。

只見小伙子生氣地站了起來，與少女爭執，少女一副義正詞嚴的樣子，質問說：「你憑什麼拿這個錢？那位婦人為什麼要給你錢？難道你是……乞丐嗎？」

這時，少女冷笑了一聲，斜睨著他，又說：「這樣吧，如果你承認自己是乞丐，我就還你這一塊錢。」

「我是乞丐？我怎麼會是乞丐？」小伙子認為少女故意在嘲諷他，為了捍衛尊嚴，他只有選擇放棄。

成功不難 貴在用心

然而，當他準備轉身離開時，那名少女卻叫住了他：「我知道你已經餓壞了，我和你商量，我借給你這個位置十分鐘，這十分鐘內你所賺的錢，全部都歸你，好不好？」

小伙子回頭看了看少女，以為她又想玩什麼花招。

只見少女滿臉誠懇地說：「我是說真的，接受我的建議吧！這個接受和這一塊錢不同，因為一個是『施捨』，一個是『靠自己的力量』。」

小伙子一聽，心頭一震：「我要靠自己的力量賺錢！」

於是，十分鐘時間他賺得了三塊錢，雖然只有三塊錢，但是用它買來的兩塊麵包，滋味卻是前所未有的。

狼吞虎嚥吃完兩塊麵包之後，小伙子吞吞吐吐地向少女提出了一個請求：「能不能……妳能不能再幫幫我，幫我買一套擦皮鞋的工具……我也想擦皮鞋。」

可愛的少女笑了笑，接著也點了點頭。

第二天，擦皮鞋的少女身邊多了一個擦皮鞋的小伙子。

幾年之後，當人們再見到這對擦鞋匠時，他們不僅成了夫妻，更是一家皮鞋公司的老闆和老闆娘。

就像故事中的小伙子，如果沒有少女的指點，而接受了人們的「施捨」，他很有可能真的從此成為乞丐中的一員。因為，一旦他接受了施捨，鬥志便會開始消滅，就像現實生活中的失意人，人們給予他們越多同情和支援，他們便會開始養成依賴的習慣，依賴人們的幫助與攙扶，甚至只想等待人們的施捨。

「拿魚給他吃，不如給他釣竿」，這才是給予幫助的最好方法，也是我們隨時要提醒自己的信念。人生終究是自己的，不管是命運還是機會，都要靠自己去創造或改變。人生在世，要想獲得成功，做出一番令人驕傲的成績，就一定要靠自己。命運如何眷顧，都不會去憐惜一個不努力的人，更不會去同情一個懶惰的人，一切都需要自己去努力。誰都不可能一生一世地幫你，一時的享受也只不過是過眼雲煙，成功需要自己去努力。

命運掌握在自己手中，若想取得成功，關鍵在於思考方式與想法是

成功不難 貴在用心

否與行動一致以及面對失敗的態度，想成為強者，並不是隨便說說那麼簡單！尤其是生活在當今世界的人，你必須有著成熟的心態，豐富的閱歷，強大的自信心。

成功在近處，成功就在你身邊。但是，首要的前提是你必須始終看準目標而且努力地接近目標，否則，一切都是枉然。起點低沒有關係，因為有希望才要堅持。夢想在明天，但通往明天的路就在腳下，你要有成功者的心態，處處都能發覺成功的力量。

福特說過：大部分的人都是在別人荒廢的時間裡嶄露頭角的。達爾文說過：完成工作的方式是愛每一分鐘，因此對時間格外珍惜才能夠把握人生的命運，做生活的強者。

希望靠自己建立。生活不是夢，而是雙手托起的一片晴空；命運不是玩笑，而是一次莊嚴的旅行。在人生旅途中的每個驛站，都有一盞屬於自己的燈，它可以照亮你的前程。這盞燈要保持它的光明，需要你有理性的思維、超越的勇氣和一切靠自己的信念。

現實生活中，大部分人生而平凡，即使你家財萬貫，如果坐享其成，亦總有坐吃山空之際；縱有達官貴人提攜，如果不思進取，亦總有窮途末路之時。外部的有利條件，只能幫助你比別人更好更有利的去爭取，是一種優勢，但絕非決定力量。抱著有利條件，駐足不前，如同坐井觀天，永遠看不到天有多大。完全依賴有利條件就容易停下腳步，停滯不前，最終一無所有。

一個人只有親身體驗到失敗，才會領悟到一條通往成功的道路。就像初學溜冰的人免不了多次的摔跤，但正是他們靠自己的親身體驗，才能掌握溜冰的技巧和禁忌，最後平衡地滑行在冰場上。所以說，「愛拼才會贏」唯有自己在拚搏中才能碰上機遇，才能在一次次的失敗中晉級，最終抵達成功的巔峰。

人的出生，其實就意味著苦難的開始，就決定了今後要走一條不平坦的路。路邊有綺麗風光，也有懸崖荊棘，但無限風景終歸要登上險峰才能看到。路要靠自己一步步去走，事業要靠一點點去打拼，幸福就要靠自己

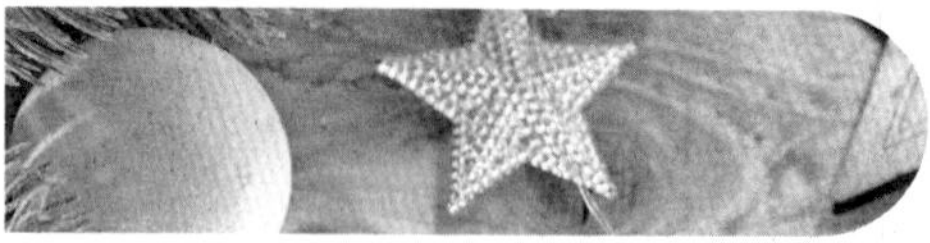

成功不難 貴在用心

一點一滴去創造。

儘管每個人對幸福的理解各自不同，但每個人都會追求幸福的人生。誰也不甘心整日活在痛苦和失望中，誰也不甘心枯燥乏味地生活，關鍵是你如何在其中創造幸福和尋找快樂。只有自己真的尋找了，創造了，幸福和快樂才會降臨。

「滴自己的汗，吃自己的飯，自己的事情自己幹，靠人靠天靠祖宗，不算是好漢。」只有靠自己成功的人，才有資格談及人生的真諦；只有靠自己成功的人，才會給我們以真實的人生教益；只有靠自己成功的人，才能跳出苦難人生；只有靠自己成功的人，才能講出人生的理性。

在日常生活中你可能聽到這樣的話：「這東西很好，可惜我買不起。」沒錯，你是買不起，但如果你天天說你買不起，那麼你這輩子就真的買不起了。為什麼不選擇一個積極的想法？你應該說，「這東西很好，我早晚會買的，我一定要得到它！」當你心中建立希望，建立要擁有財富的希望時，一旦生活有了轉機的時候，好運就會降臨你的身旁，財富也就屬於你了。成功與精彩的人生，並不是只屬於某些特定人物，而是靠自己的努力得來的，只要你能敢想敢做、愛我所愛、笑對人生、打破常規、樹立目標、以勤補拙、珍惜機遇、縱橫交際，那麼成功在你身邊就觸手可及！

一位詩人寫下了這樣的名句：「我是命運的主人，我是掌握我靈魂的船長。」他告訴我們，我們誰是自己命運的主人，因為我們有力量控制自己的思想。靠自己奮鬥，靠自己成功，人生路上，一切都得靠自己——靠自己的理解，靠自己的感悟，靠自己的追求，靠自己的堅持，靠你的意志力和凝聚力，靠你的學習力，靠你的能力有多少提升，靠團隊合作……人生是一張單程的車票，一去無返，我們能做的只有不斷努力！

一個憑借自身努力而成功的人，才會真正感受到成功的快樂，體驗到其中的酸甜苦辣。靠自己去成功，人生需要不斷努力，奮鬥的路上只能靠自己，美好的未來掌握在自己手中，一切的一切都要靠自己去創造。努力吧，從今天開始。

03 選擇一條屬於自己的路

走自己的路，讓別人說去吧！

——但丁

古羅馬詩人奧維德說過：認識自己，找準自己的位置，是生命煥發色彩的前提。人生也是如此，無論成敗，選擇一條屬於自己的路才是最重要的。每個人的前面都有一條路，或通往成功，或走向失敗，或碌碌無為地走完此生……成功的人始終相信自己，堅定不移地沿著設定好的道路前進，儘管途中會走彎路，但只要堅信自己，一定能夠走出歧途，重新步入人生的正軌。但即使失敗了，也絕不後悔自己的選擇，因為那是真正屬於自己的道路。

人生就像四季交替一樣，變幻無常卻永遠遵循一定的規律。可能前半生落英繽紛，後半生卻荊棘載途；可能此刻暗礁深藏，轉角處卻柳暗花明；也許今天碧波萬里，明日卻烏雲滾滾。

請記住，人生的旅程絕不可能永遠風和日麗，陰霾風雷總會三不五時地考驗你。只有找準自己的位置，選擇一條適合自己的道路才是最主要的。人活著，就要活出個性，活出自我。這就要追求屬於自己的人生，需要堅定不移地走自己的路。在別人都誇一件藝術品好時，我們又何嘗不可以給予否定？只要我們的觀點合乎情理，又何必隨聲附和，隨波逐流？

杜甫一生多磨難，別人也許會因此而迷茫，抑鬱難解，也許會不堪艱辛，在半途中栽倒，但杜甫沒有，他選擇了別樣的生活，他用詩來抒發自己的心聲，因此，他青史留名，他的詩也廣為人知，流傳至今。這正是因為杜甫選擇了自己的人生之路。

那麼，如何選擇自己的人生之路呢？

經驗顯示，只有適合自己的路才是正確的路。每位大人物也是從一個小人物開始的，為什麼他們會成為一代梟雄，只因為他們有超前的思想、認清自我的能力和堅韌不拔的意志，傳承與創新、機遇與挑戰造就了一個

成功不難 貴在用心

又一個奇蹟。一旦選擇了自己的人生之路，就要堅定不移地走下去，無論路途多麼艱辛，不要輕言放棄。

一八四二年三月，在百老匯的社會圖書館裡，著名作家愛默生的演講激動了年輕的惠特曼：「誰說我們美國沒有自己的詩篇呢？我們的詩人文豪就在這呢！……」這位身材高大的當代大文豪一席慷慨激昂、振奮人心的講話，使台下的惠特曼激動不已，熱血在他的胸中沸騰，他渾身升騰起一股力量和無比堅定的信念，他要滲入各個領域、各個階層、各種生活方式。他要傾聽大地的、人民的、民族的心聲，去創作新的不同凡響的詩篇。

一八五四年，惠特曼的《草葉集》問世了。這本詩集熱情奔放，衝破了傳統格律的束縛，用新的形式表達了民主思想和對種族、民族和社會壓迫的強烈抗議。它對美國和歐洲詩歌的發展起了巨大的影響。

《草葉集》的出版使遠在康科德的愛默生激動不已。誕生了！國人期待已久的美國詩人在眼前誕生了，他給予這些詩以極高的評價，稱這些詩是「屬於美國的詩」，「是奇妙的」、「有著無法形容的魔力」，「有可怕的眼睛和水牛的精神。」

《草葉集》受到愛默生這樣很有聲譽的作家的褒揚，使得一些本來把它評價得一無是處的報刊馬上換了口氣，溫和了起來。但是惠特曼那創新的寫法，不押韻的格式，新穎的思想內容，並非那麼容易被大眾所接受，他的《草葉集》並未因愛默生的讚揚而暢銷。然而，惠特曼卻從中增添了信心和勇氣。

一八五五年底，他印行了第二版，在這版中他又加進了二十首新詩。

一八六〇年，當惠特曼決定印行第三版《草葉集》，並將補進些新作時，愛默生竭力勸阻惠特曼取消其中幾首刻畫「性」的詩歌，否則第三版將不會暢銷。惠特曼卻不以為然地對愛默生說：「那麼，刪後還會是這麼好的書嗎？」

愛默生反駁說：「我沒說『還』是本好書，我說刪了就是本好書！」

執著的惠特曼仍是不肯讓步，他對愛默生表示：「在我靈魂深處，我的意念是不服從任何的束縛，而是走自己的路。《草葉集》是不會被刪改的，任由它自己繁榮和枯萎吧！」他又說：「世上最髒的書就是被刪減過的書，刪減意味著道歉、投降……」

第三版《草葉集》出版並獲得了巨大的成功。不久，它便跨越了國界，傳到英格蘭，傳到世界許多地方。

儘管每個人的道路各不相同，但只要是自己的選擇，就要堅定不移地走下去。途中也許儘是坎坷路，也許荊棘密佈，但只要有戰勝艱難險阻的勇氣，就一定能夠走向成功。即使最終的結局並不令人滿意，但想想當初的選擇，你一定不會後悔，而是鼓起勇氣重頭再來。一路上的坎坷經歷將成為你寶貴的人生經驗，相信下一次的選擇絕不會再令你失望。

無論成敗，選擇一條屬於自己的路。按照自己設計的人生路線，一步步地向成功邁進吧。在這個過程中，不要被別人的異議所阻撓，相信自己，走自己的路，讓別人說去吧！

04 做事貴在堅持

年輕人，你永遠不要忘記……才華就是長期的堅持不懈：你努力幹吧！

——福樓拜

堅持一下，成功遲早會光顧你。持之以恆地向人生挑戰，直到最後的成功。只要堅持一下，總有一天你會成功。成功女神不會放棄任何一個持之以恆、堅持不懈的人，他們的努力終將得到報答。相信成功只是時間問題，如果你不懈地努力，向著心中的目標不斷前進，那麼就請耐心地等待成功女神的光臨吧。

堅持是世間最容易也是最難的事，做事情貴在堅持，持之以恆。說它容易，是因為只要你願意去做，人人都能做到。說它難，是因為在這個過程中總會出現一些使你信心和毅力動搖的事情。因此能夠堅持到底的人終究是少數。

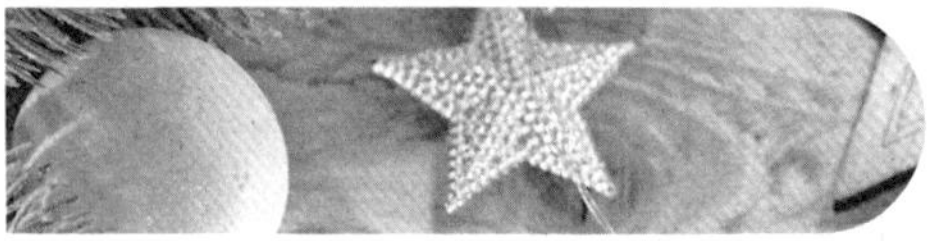

成功不難 貴在用心

為了你自己的目標，你有毅力堅持不放嗎？不管遇到多大的困難，多強的阻礙，你都能夠堅持下來嗎？想想我們有過多少次只因沒有堅持到底而失敗的事呢？許多失敗，其實如果肯再多堅持一分鐘，或再多付出一點努力，就可以轉化為成功。

初中畢業的哲宇隻身從農村來到城市，因為身體單薄，所以只能找點比較輕的體力活做。哲宇到了一家清潔公司，主要工作就是擦玻璃，公司提供食宿，每月工資兩萬元。

哲宇很滿足，做起事來十分賣力。

有人問他：「薪水這麼少，為什麼不上大學，出來受罪賺這點錢？」

哲宇說：「我家裡窮，父親癱瘓，母親種田，家裡沒錢供我上學，我學歷比較低，現在能有這份工作已很滿足了，每個月還能寄點錢回去給家裡呢。」

哲宇在這家保潔公司一直擦玻璃，他的同事換了一批又一批，有的甚至剛做三、四天就因為嫌薪水少、工作髒走了，而哲宇一直堅守著這個位置。

五年後，哲宇也已經是二十多歲，這座城市裡的辦公大樓、賓館、商場哲宇幾乎都去服務過很多次。哲宇工作一如既往地賣力，一絲不苟，很多顧客還點名要公司派他過來，他幾乎成了公司的形象代言人。人們都知道哲宇，哲宇和他的服務對象成了熟人或朋友。

有一天，有個新來的女同事問哲宇：「聽說你擦了五年的玻璃，每月只賺兩、三萬塊，為什麼不換個工作呢？」

哲宇笑笑說：「會換的。」

有一天，人們熟知的擦玻璃工突然消失了。幾天後，一家快餐店開業了，老闆就是擦了五年玻璃的哲宇。

快餐很適應城市的快節奏，競爭自然異常激烈，而哲宇的快餐店卻很快打開了局面。原因很簡單，哲宇在擦玻璃的五年，已經走遍了每個辦公大樓、賓館、商場，結識了裡面的人，五年下來擦玻璃的表現已經給人們留下了深刻的印象。

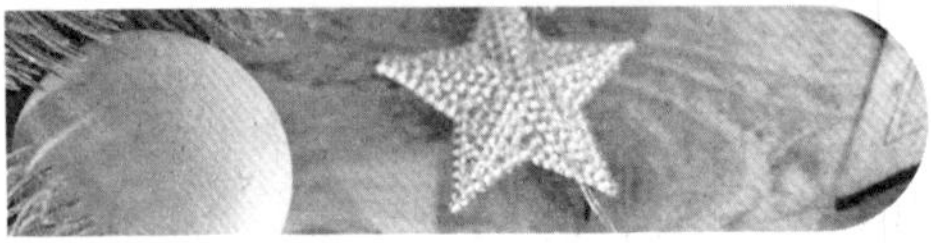

成功不難 貴在用心

只要認準了奮鬥方向，就要堅持下去，向著目標前進，成功遲早會光顧你。一個人想做成一件大事，都要能夠堅持下去，堅持下去才能取得成功。說起來，一個人克服困難也許並不難，難得是能夠持之以恆地做下去，直到最後成功。

一八三二年，林肯失業了，這顯然使他很傷心，但他下定決心要當政治家，當州議員。糟糕的是，他競選失敗了。在一年裡遭受兩次打擊，這對他來說無疑是痛苦的。

接著，林肯著手自己開辦企業，但一年不到，這家企業就倒閉了。在以後的十七年間，他不得不為償還企業倒閉時所欠的債務而到處奔波，歷經磨難。

隨後，林肯再一次決定參加競選州議員，而這次他成功了。

他內心萌發了一絲希望，認為自己的生活有了轉機：「可能我可以成功了！」

一八三五年，他訂婚了。但在距離結婚的日子還差幾個月的時候，未婚妻卻不幸去世。這對他精神上的打擊實在太大了，他心力交瘁，數月臥床不起。一八三六年，他得了精神衰弱症。

一八三八年，林肯覺得身體良好，於是決定競選州議會議長，可他失敗了。一八四三年，他又參加競選美國國會議員，但這次仍然沒有成功。

林肯雖然一次次地嘗試，但卻是一次次地遭受失敗：企業倒閉、未婚妻去世，競選敗北。要是你碰到這一切，你會不會放棄？放棄這些對你來說是重要的事情？

林肯沒有放棄，他也沒有說：「要是失敗會怎樣？」一八四六年，他又一次參加競選國會議員，最後終於當選了。

兩年任期很快過去了，他決定要爭取連任。他認為自己作為國會議員表現是出色的，相信選民會繼續投票給他。但結果很遺憾，他落選了。

因為這次競選他賠了一大筆錢，林肯申請當本州的土地官員，但州政府把他的申請退了回來，上面指出：「做本州的土地官員要求有卓越的才能和超常的智力，你的申請未能滿足這些要求。」

成功不難 貴在用心

接連又是兩次失敗。在這種情況下你會堅持繼續努力嗎？你會不會說「我失敗了」？

然而，林肯沒有服輸。一八五四年，他競選參議員，失敗了；兩年後他競選美國副總統提名，結果被對手擊敗；又過了兩年，他再一次競選參議員，還是失敗。林肯一直沒有放棄自己的追求，他一直在做自己生活的主宰。一八六〇年，他當選為美國總統。

05 幸運女神會眷顧有準備的人

如果事先缺乏周密的準備，機遇也會毫無用處。

——托克維爾

每個人都渴望得到幸運女神的垂青，然而仔細觀察不難發現，機會只垂青渴望成功並做好準備的人，他們在默默地努力中等待幸運女神的眷顧，從不抱怨，只是更加努力地學習工作，期待成功的到來。

幸運女神偏愛有準備的人。俗話說：台上一分鐘，台下十年功。人們常常羨慕那些成功者，認為他們的機遇好，而從沒看到榮譽和鮮花背後所付出的千辛萬苦。想要抓住機遇，就得從現在開始收拾好行囊，做好準備，當機遇輕輕地敲響門扉時，我們就會沉著地應和一聲，踩著它的節拍，旋轉而去，千萬不要眼睜睜地看著它，在倏忽之間，從你身邊姍姍飄過，而你去無能為力。

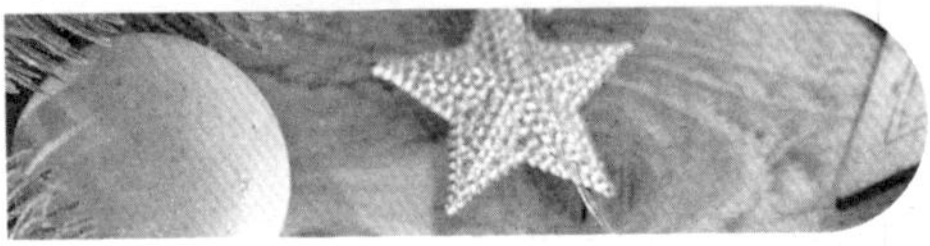

成功不難 貴在用心

從前有一位年輕的小提琴手叫托斯卡尼尼，他是維也納交響樂團的成員。雖然他很有天分，可是天生弱視，所以每次練琴時樂譜都要拿到眼睛前面才看得見。為了克服這個障礙，托斯卡尼尼就開始背每一個交響樂曲的樂譜，這樣他就不需要在演奏會時當場看樂譜了。

雖然他花的練習時間是其他成員的許多倍，可是卻樂在其中，因為他發現自己更能體會樂曲的真諦；於是他又利用休閒的時間去背其他樂器的樂譜。經過兩、三年的努力，他已經可以演奏交響樂團裡的各種樂器了。

有一次維也納交響樂團到巴西公演，可是在公演的前一天晚上發生了一個嚴重的問題：交響樂團的指揮失蹤了，沒有人找得到他。於是所有成員就馬上開緊急會議，討論該怎麼辦，有些人提議取消演奏，可是也有人極力反對，認為取消演出很不負責任。

在議論紛紛時，有人就建議由托斯卡尼尼來指揮，因為他瞭解所有交響樂的樂器。大家都以為這個人在開玩笑，可是托斯卡尼尼居然答應了。

在沒有更好的辦法下，大家只好讓他試試看。

由於托斯卡尼尼真的很用心學過各種樂器，所以他把現場演奏的各種樂器發揮得淋漓盡致：結束時全場掌聲雷動，托斯卡尼尼五次出場謝幕公演才結束，很多評論家都認為這是維也納交響樂團最成功的演出之一。

第二天，全體成員便作了一個重要決定：他們把以前的指揮家解雇了，並推舉托斯卡尼尼為交響樂團的總指揮，他因此成為當代極富盛名的指揮家。

托斯卡尼尼在退休後有記者訪問他，說能在弱視的障礙下還能成為當代的名指揮家，是否覺得自己很幸運？托斯卡尼尼沉思了一下，就答道：「沒錯，我是一個很幸運的人。我認為要成為一位幸運的人，平時一定要不斷地努力準備。當機會來臨時，你已準備好了，你就是一位幸運的人了。」

所以，如果我們平時能多花一點心力去學習成長，比別人多付出一點來成長進步，並開發自己的潛力；當機會來臨時，你也會成為一位幸運的人。

成功不難　貴在用心

如果說成功確實有什麼偶然性的話，這種偶然的機會也只會垂青有準備的人。世界上最可悲的一句話就是：「曾經有一個非常好的機會擺在我面前，可惜我沒有把握住。」遺憾的是，這種事情在很多人身上都發生過。

其實，機會對我們所有人都是平等的，它有可能降臨在我們每一個人的身上，前提是：在它到來之前，你一定要做好準備。

機會對於任何人都是公平的，它在我們身邊的時候，不是打扮得花枝招展，而是普普通通，甚至根本就不起眼。看起來耀眼的機會不是機會，也許是陷阱；真正的機會最初都是樸素的，只有經過主動與勤奮，它才變得格外絢爛。

沒有耕耘就沒有收穫，有人把科學家重大發現、發明歸結為偶然的機遇，這實在是一個謬誤。法國著名微生物學家巴斯德指出，「在觀察的領域裡，機遇只偏愛那種有準備的頭腦」。試想，如果費萊明不是一個細菌學專家，或者對葡萄菌沒有經歷數年的研究，或者粗心大意，把發了霉的培養液隨手倒掉了，那他還能成為青黴素的發現者嗎？試想，愛迪生如果不是透過無數次試驗，證明上千種材料不能作燈絲，並一直傾心於此項研究，又怎能發現適合做燈絲的鎢呢？

現實生活中有些人總是坐著等機遇，躺著喊機遇，睡著夢機遇，做「守株待兔」的人。殊不知如果這樣，機遇就會像滿天星斗，可望而不可及，即使機遇真的來到身邊。他也發現不了，更不用說去捕捉和利用了。

機遇只偏愛有準備的頭腦，能否抓住機遇、利用機遇，關鍵在於人們的準備，在於人們知識文化思想等多方面的準備，在於勤奮努力。朋友，你準備好了嗎？準備好你的頭腦，去抓住機遇、利用機遇，獲得成功吧！

不要再徒勞地期盼幸運女神的光臨，從現在開始，為了成功做好準備，當機會來臨時，順利地把握住它，進而獲得成功。那時你會發現，幸運女神一直都陪在你身邊，只是等待你付出更多的努力，她便會來到你家門口。

05 敢拚的人才能成功

生命之燈因熱情而點燃，生命之舟因拚搏而前行。

——佚名

人生就是一場冒險，只有敢拚的人才能成功。回眸人類演進的歷程，如果我們的祖先沒有冒險和想像，沒有勇於創新和敢於犧牲的博大胸臆和壯麗情懷，人類就無法點燃文明的火炬。

冒險，並不僅僅在大自然的海洋與山脈，沙漠與沼澤間，更蘊含在人口密集的城市裡。

法國人阿蘭．羅伯特是世界著名的「蜘蛛俠」，以徒手攀爬為職業。四十二歲的羅伯特，格外強壯和敏捷，徒手攀登過的著名建築包括紐約的帝國大廈、巴黎的艾菲爾鐵塔、舊金山的金門大橋、台北第一高樓等。

在孩童時期，羅伯特就開始攀巖，從陡峭的巖壁往上爬。「我剛開始

攀巖時，這還是一種冒險的活動，如今已經是一種體育競賽。」

羅伯特說他喜歡冒險，「當知道有一百個警察要阻止我去做某事，而他們卻無法阻止時，我感覺很好。如果我要爬一棟樓，我之前會到那裡，仔細地計劃如何開始，如何完成攀爬。」

儘管羅伯特每次的攀爬都會有不少人聚集在地面為他歡呼。但是，伴隨著歡呼的，還有受傷（他已經摔斷過好幾根骨頭），也有警車的汽笛聲，被帶上警車以及在狹小的牢房裡住上幾天的經歷。

羅伯特的攀爬活動通常是有人贊助的，他所賺的錢，用他的話來說是「還可以」，但他不願意透露具體的數字。他對記者說：「就像你看到的，我的房子很簡單，我不住在城堡裡也沒有游泳池，我不是個富人。有的人一生追求財富，但是他們死時和別人沒什麼兩樣。我並不追求這些東西。」

羅伯特熱愛冒險，一生都在追逐自己的夢想。他曾說過：「我想，我生錯了時代。」他認為自己應該生在中世紀，他應該是十字軍士兵或者勇敢的強盜。「羅賓漢、佐羅，他們是我的英雄。但我不確定我是否會成為

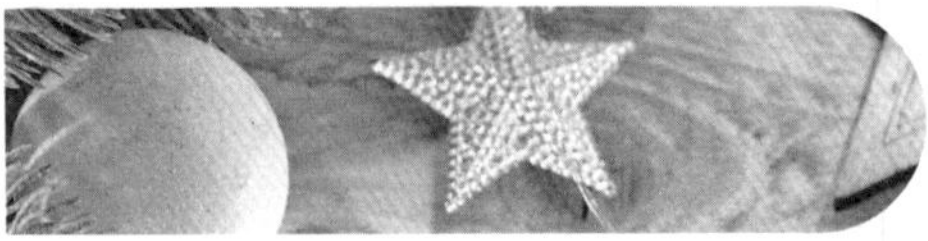

一名為國王效力的騎士，我更喜歡跟權威對著幹。」

羅伯特從不掩飾自己的害怕，他說每一次攀爬之前，總是飛快地想一遍死亡。他曾在香港準備爬一棟六十二層高的摩天大樓之前做了很多準備工作，每天查詢天氣十五次，因為他非常擔心在攀爬過程中，急風暴雨會把他從樓上颳下去。對於羅伯特不斷挑戰高樓的行為，很多人總是懷疑：「他腦筋正常嗎？」

對於這些疑問，羅伯特僅僅是在自己的網站上發表了這樣的回覆：「當有人問，你瘋了嗎？回答是否定的，我不認為我真的瘋了。真正的瘋狂並不能讓你的夢想成真。」

羅伯特為了夢想勇敢攀爬，詮釋了真正的冒險精神。

時至今日，人類的冒險精神顯得更為重要。近者，初涉社會的淘金者都要有勇氣；遠者，人類在探索太空開發的歷程中，沒有一代又一代的太空人——包括在哥倫比亞號上犧牲的七位悲壯英雄的奉獻，人類探索未知世界的步伐能持續多久？

Chapter 4
成功不難，用心而已

當阿姆斯壯在白色的火山粉塵上豪邁地跨越時，每一個腳印凝聚著人類多麼偉大的冒險精神和奮進力量呀！正是人類傳承了勇於冒險，敢於奉獻的精神，人類才變得文明而強大，不斷鼓舞著億萬後人繼往開來，把千秋大業推進下去。

人生就是一場冒險，敢拚的人才能贏得最終的成功。

美國十三歲少年喬丹．羅麥羅成功登頂聖母峰。澳大利亞也有一名十六歲少女單獨駕駛帆船完成環球航行。少年登上聖母峰，少女環球航行，是有一點冒險，但是他們都成功了，這就表示這些年輕人是膽大心細，是智勇雙全，是講究科學的，不是冒失。

人是需要冒險精神，人生因為拚搏才更加精彩。比爾．蓋茲認為，他之所以取得成功，首要因素就是敢於冒險的精神。我們知道，在任何事業中，不敢冒險的話，所有成功的機會也就隨之消失了。

蓋茲的一生中，持續一貫的特性就是強烈的冒險天性。他甚至認為，如果一個機會沒有伴隨著風險，這種機會通常就不值得花心力去嘗試。他

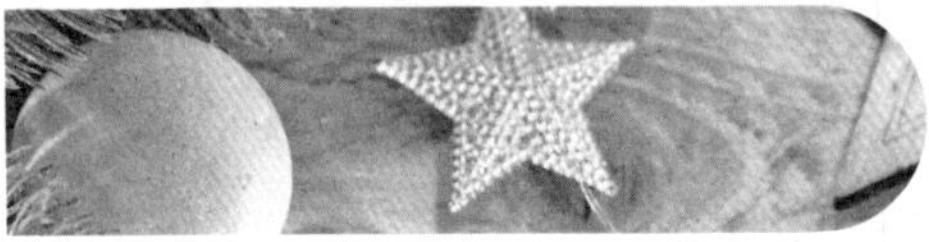

成功不難 貴在用心

堅定不移地認為，有冒險才有機會，正是有風險才使得事業更加充滿跌宕起伏的趣味。

事實上，對冒險精神的培養，比爾．蓋茲從學生時代就開始了。他在哈佛的第一個學年故意制定了一個策略：多數的課程都逃課，然後在臨近期末考試的時候再拚命地學習。他想經由這種冒險，檢驗自己怎麼花盡可能少的時間，而又能夠得到最高的分數。他做得很成功，透過這個冒險他發現了一個企業家應當具備的素質：如何用最少的時間和成本得到最快最高的回報。

正是由於蓋茲的冒險精神，讓他的事業蒸蒸日上，不斷取得佳績，直至成為世界首富。

冒險精神是時代所需，更是取得成功必不可少的因素之一。人生就是一場冒險，只有敢拚的人才能成功。而那些畏首畏腳、不敢冒險的人只能安於現狀，永遠不會成功。

每年夏天，上百萬隻非洲牛羚從乾旱的塞倫蓋蒂北上遷徙到馬賽馬拉的濕地，這群牛羚正是大遷徙的一部分成員。

在這艱辛的長途跋涉中，格魯美地河是唯一的水源。

這條河與遷徙路線相交，對牛羚群來說既是生命的希望，又是死亡的象徵。因為牛羚必須靠喝河水維持生命，但是河水還滋養著其他生命，例如灌木、大樹和兩岸的青草，而灌木叢還是猛獸藏身的理想場所。

在河流緩慢的地方，有許多鱷魚藏在水下，靜等牛羚到來。湍急的河水本身就是一種危險，牛羚群巨大的衝擊力將領頭的牛羚擠入激流，牠們若不是淹死，就是喪生於鱷魚之口。

這天，牛羚們來到一處適於飲水的河邊，牠們似乎對這些可怕的危險瞭如指掌。領頭的牛羚磨磨蹭蹭地走向河岸，每頭牛羚都猶猶豫豫地走幾步，嗅一嗅，嘶叫一聲，不約而同地又退回來，進進退退像跳舞一般。

牠們身後的牛羚群聞到了水的氣息，一齊向前擠來，慢慢將「頭馬」們往水中擠去，不管牠們是否情願。

終於有一隻小牛羚「脫群而出」，開始飲用河水。為什麼牠敢於走入

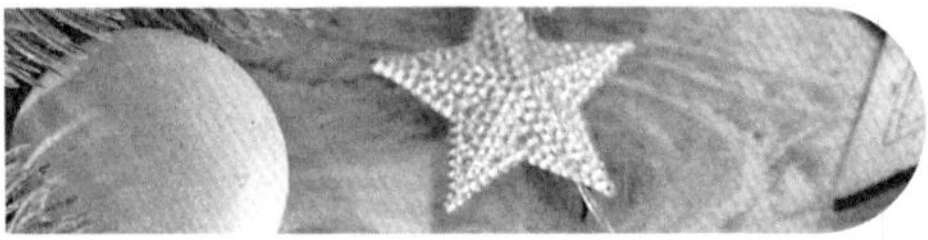

成功不難 貴在用心

水中，是因為年幼無知，還是因為渴得受不了？那些大牛羚仍然驚恐地止步不前，直到牛羚群將牠們擠到水裡，才有一些牛羚喝起水來。不久，洶湧的牛羚群將一頭牛羚擠到了深水處，牠恐慌起來，進而引發了牛羚群的一陣騷亂。

然後牠們迅速地從河中退出，回到遷徙的路上。

只有那些勇敢站在最前面的牛羚才喝到了水，大部分牛羚或是由於害怕，或是無法擠出重圍，只得繼續忍受乾渴。每天兩次，牛羚群來到河邊，一遍又一遍重複著這一儀式。

一天下午，一小群牛羚站在懸崖上俯視著下面的河水，往上游走過一百米就是平地了，牠們從那裡能很容易到達河邊。但是牠們寧可站在懸崖上痛苦地鳴叫，卻不肯向著目標前進。

生活中的你是否也像牛羚一樣？是什麼讓你藏在人群之中，忍受著對成功之水的渴望？是對未知的恐懼，害怕潛藏的危險？還是你安於庸常的生活，放棄了追求？大多數人只肯遠遠地看著別人痛飲成功之水，自己卻忍受乾渴的煎熬。不要讓恐懼阻擋你的前進，不要等待別人推動你前進，你必須起而行動，只有勇於冒險的人才可能成功。

敢於冒險，放手拚搏，成功從來不是輕而易舉的事，只有大膽邁出第一步，才能淡化恐懼的影響，激發生命的潛能。

一個年輕人離開故鄉，開始創造自己的前途，要去實現人生的夢想，他動身的第一站，是去拜訪本族的族長，請求指點。

他對族長說：我的一生不能平庸，我不願與草木同朽，我要與日月同輝，我要建立豐功偉績，我該如何去做？

老族長正在練字，他聽說本族有位後輩開始踏上人生的旅途，就寫了三個字：不要怕。然後抬起頭來，望著年輕人說：「孩子，人生的祕訣只有六個字，今天先告訴你三個，供你半生受用。」

十年後，這個從前的年輕人已建立起了一個超級商業王國，取得了巨大的成就。歸程漫漫，到了家鄉，他又去拜訪那位族長。

他到了族長家裡，才知道老人家幾年前已經去世，家人取出一個密封

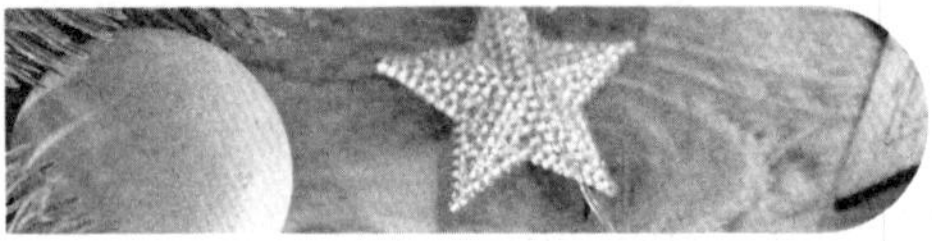

的信封對他說：「這是族長生前留給你的，他說有一天你會再來。」

他這才想起來，十年前他在這裡聽到人生的一半祕訣，拆開信封，裡面赫然又是三個大字：有何怕！

冒險精神在現代社會中，同時包含著一種道德觀念和生活態度。在數十億人口共存的地球上，充斥著各種意識形態和生活需求的競爭。敢不敢去冒險，敢不敢於風險中從容應對，險中取勝，已成為現代人的必要答題。

一個人不能沒有冒險精神，要敢於拚搏，為了心中的夢想勇敢前行。人生就是一場冒險，敢拚的人才能贏得最終的成功。

07 書中自有黃金屋

讀書，這個我們習以為常的平凡過程，實際上是人們心靈和上下古今一切民族的偉大智慧相結合的過程。

——高爾基

「書中自有黃金屋」一句詩出自宋真宗趙恆的一首千古絕唱《勸學詩》，至今仍具有深遠的啟示意義。

原文如下：「富家不用買良田，書中自有千鍾粟；安居不用架高堂，書中自有黃金屋；出門莫恨無人隨，書中車馬多如簇；娶妻莫恨無良媒，書中自有顏如玉；男兒若遂平生志，六經勤向窗前讀。」

如今讀書之人是越來越少了，真讀書的人更是寥寥。其實，閱讀能力是人們生活中必須具備的一種重要的能力。

古人說：「書猶藥也，善讀之可以醫愚。」熱愛讀書是一種可貴的習慣，現代社會人們的工作壓力大，生活節奏快，很少有時間讀書，更何況

成功不難 貴在用心

很多人已經沒有意識再去拿起書本苦讀。其實，書中蘊藏著深遠的道理，能為你指點人生的方向，助你在茫茫前路中找到生命的意義。

說到讀書，讓人不禁想起南宋大理學家朱熹的《活水亭觀書有感》：半畝方塘一鑑開，天光雲影共徘徊。問渠哪得清如許？為有源頭活水來。詩句富於哲理，字裡行間反映出詩人讀書時清新愉悅的感受。而人的素養、能力從何而來？只有不斷地讀書學習，善於學習新知識，才能不斷地充實自己，提高自己的素質和能力。

讓讀書成為一種生活習慣，就像人每天都需要吃飯一樣平常。

劉墉說：「閒中覓伴書為上」。荀子說：「吾嘗終日而思矣，不如須臾之所學也。」常讀書，還可以自得其樂、樂而所得。在浮躁、功利和紛繁複雜的現實生活中，如果我們每天都能靜下心來讀讀書，享受精神食糧，淡泊明志，寧靜致遠，又何嘗不會有讀有所得的喜悅呢！

讓讀書成為我們的一種生活常態，讓讀書成為我們生活的一部分，不論你是誰、從事什麼工作。書到用時方恨少，讀書之用，如春風化雨，潤物無聲。

書中自有黃金屋，真才實學真功夫。讀書不僅可以陶冶情操，還能累積深厚的文化底蘊。古今中外，諸多成功人士都是熱愛讀書的人，他們從中找到自己需要的東西，感受真實的人生。

詩人聞一多讀書成癮，一看就「醉」，就在他結婚的那天，洞房裡張燈結綵，熱鬧非凡。大清早親朋好友都來登門賀喜，直到迎親的花轎快到家時，人們發現到處找不到新郎。急得大家東尋西找，結果在書房裡找到了他。他仍穿著舊袍，手裡捧著一本書入了迷。怪不得人家說他不能看書，一看就要「醉」。

著名數學家華羅庚讀書的方法與眾不同。他拿到一本書，不是翻開從頭至尾地讀，而是對著書思考一會兒，然後閉目靜思。他猜想書的謀篇佈局，斟酌完畢再打開書，如果作者的思路與自己猜想的一致，他就不再讀了。華羅庚這種猜讀法不僅節省了讀書時間，而已培養了自己的思維力和想像力，不至於使自己淪為書的奴隸。

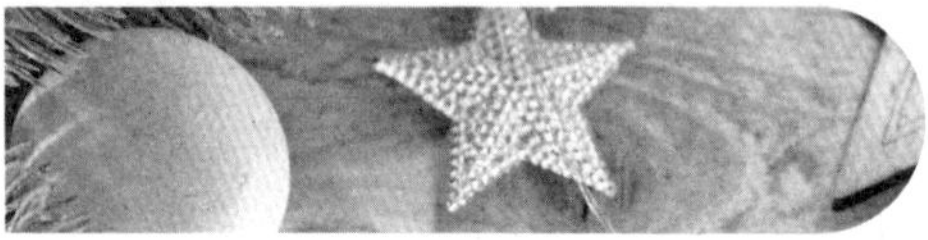

成功不難 貴在用心

中國相聲語言大師侯寶林只上過三年小學，由於他勤奮好學，使他的藝術水平達到了爐火純青的程度，成為有名的語言專家。

有一次，他為了買到一部明代笑話書《謔浪》，跑遍了北京城所有的舊書攤也未能如願。後來，他得知北京圖書館有這部書，就決定把書抄回來。適值冬日，他頂著狂風，冒著大雪，一連十八天都跑到圖書館裡去抄書，一部十多萬字的書，終於被他抄錄到手。

世界文豪高爾基對書感情獨深，愛書如命。有一次，他的房間失火了，他首先抱起的是書籍，其他的任何東西他都不考慮。

為了搶救書籍，他差點被燒死。他說：「書籍一面啟示著我的智慧和心靈，一面幫助我在一片爛泥塘裡站起來，如果不是書籍的話，我就沉沒在這片泥塘裡，我就要被愚蠢和下流淹死。」

讀書，可以增長人的知識，拓寬人的視野，充實人的思想，開啟人的智慧，陶冶人的情操，愉悅人的心情，這是毫無疑問的。但讀書的一個最大功用卻是讓人們懂得怎樣生活，怎樣做人的道理。

毫無疑義，生活在現代社會而不讀書，任何人都不可能成為一個有學識、有教養、有作為的人，更不可能成為社會的棟梁。因此，打開書本吧，讓書中的知識充實你、啟迪你。

成功並不僅僅是擁有財富，還包括精神層面的深遠內涵。書中自有黃金屋，真才實學真功夫，讓我們養成讀書的習慣吧，它將使你受益終生。

08 人活著要有拚搏的精神

只要不服輸，失敗就不會是定局。

——佚名

生活，生下來，活著。這句看似消極的話實則暗示人們要積極進取，奮勇拚搏。活著就要有一種精神，一種永不服輸的精神。面對生活，每個人都有自己的活法，唯有永不服輸的精神才是人生的真諦、生活的本質。

風車總是勇敢地面對挑戰，從沒因風大而膽怯。面對生活，就要像迎風轉動的風車一樣，風力越大，轉動越快；在工作和生活中遇到的困難越大，你進步得也越快。永不服輸的精神是我們人類發展的基石，沒有這種精神，人們無法進步，社會也無法向前發展。

有這樣一個故事：

一個中國人去韓國旅遊，受朋友之託，在韓國一家超市買了三十斤左右的泡菜。回旅館的路上，身材魁梧的他，漸漸感到手中的塑料袋越來越重，勒得手發疼。他想把袋子扛在肩上，又怕弄髒新買的西裝。正當他左右為難之際，忽然看到了街道兩邊茂盛的綠化樹，頓時計上心來。

他放下袋子，在路邊的綠化樹上折了一根樹枝，準備當做提手來拎沉重的泡菜袋子。不料，正當他暗自高興時，被迎面走來的韓國警察逮了個正著。他因損壞樹木、破壞環境，被韓國警察毫不客氣地罰了五十美元。

繳完罰款，他後悔不已，五十美元可以買多少泡菜啊。而且他覺得自己讓韓國警察罰了款，是很丟臉的事。

他越想越窩囊，最後乾脆放下袋子，坐在了路邊。

看著眼前來來往往的人流，他決意要發明一個方便攜帶的提手，這樣在提重物的時候就不會勒手了，而且還可以有機會挽回這五十美元罰款的面子。

回國之後，他不斷想起在韓國被罰五十美金的事情和那些提著沉重袋子的路人，發明一種方便提手的念頭越來越強烈。於是，他乾脆放下手頭的工作，一頭栽進了方便提手的研製中。

根據人的手形，他反覆設計了好幾種款式的提手；為了試驗它們的抗拉力，又分別採用了鐵質、木質、塑料等幾種材料。然而，總是達不到預期的效果，他幾乎喪失信心了。但一想到在韓國那令人汗顏的五十美元罰款，他又充滿了鬥志。

幾經周折，產品做出來了，他請左鄰右舍試用，這不起眼的小東西竟一下子得到鄰居們的青睞。有了它，買米買菜多提幾個袋子，也不覺得勒手了。

後來，他又把提手拿到當地的集市上推銷，但看的人多，買的人少。他雖然著急，但沒有因此氣餒。憑著永不服輸的精神，他不斷嘗試，後來還讓路人免費試用後，終於小提手出名了，這也增加了他想將這種產品推向市場的信心。

但是，他沒有忘記自己發明的最終目標市場是韓國。他很快申請了專利，接著，為了能讓方便提手順利打進韓國市場，他決定先瞭解韓國消費者對日常用品的消費心理。

經過反覆調查瞭解，他發現，韓國人對色彩及形式十分挑剔，處處講究包裝，只要包裝精美，做工精良，價格是其次的。於是他決定投其所好，針對提手的顏色進行多樣改造，增強視覺效果，又不惜重金聘請了專業包裝設計師，對提手按國際化標準進行細緻的包裝。

功夫不負有心人，經過前期大量市場調研和商業運作，一週後，他接到了韓國一家大型超市的訂單，以每個〇．二五美元的價格，一次性訂購了一百二十萬個方便提手！那一刻他欣喜若狂。

他成功了，靠的是永不服輸的精神。人生無非如此，人們常常羨慕那些光鮮亮麗的成功者，看不起卑微落魄的失敗者，常常抱怨自己的處境，而隻字不提自身的平庸。這種人沒有永不服輸的精神，他們的頻頻抱怨與碌碌無為也就不足為奇。

人活著要有一種精神，拚搏，執著，永不服輸……要想成為人上人，你需要做的還有太多太多。

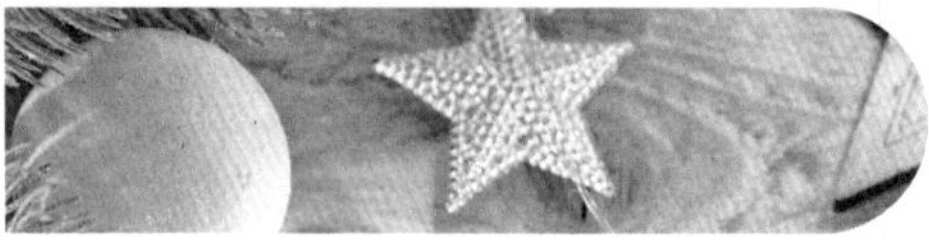

成功不難　貴在用心

人生不會一帆風順，每個人都要面對或大或小的苦難，但只要有一顆永不服輸的心，有一種愈挫愈奮的意志，內心就會升騰起一股勇往直前的勇氣，進而戰勝重重困難。永不服輸，你就是生命的舵手，在不知歸期的航行中，做命運的主人，等待彼岸的出現。

曾經有一位青年畫家，在他還沒有什麼名氣之前，住在一間狹隘的小屋子裡，靠畫人像維生。一天，一個富人經過這裡，看他的畫工精細，便請他幫忙畫一幅人像。雙方約好酬勞是一萬元。

一個星期後，人像完成了，富人依約前來拿畫。

這時，富人卻不肯依照本來的商定付給酬勞。富人心中想著：「畫中的人像是我，這幅畫假如我不買，那麼，肯定不會有人買。我又何必花那麼多錢來買呢？」於是富人賴賬，他說只願花三千元買這幅畫。

青年畫家呆住了，他從來沒碰過這種事，心裡有點慌，花了很多唇舌，跟富人據理力爭，盼望富人能遵照商定，做個有信譽的人。

「我只能花三千元買這幅畫，你別再囉嗦了。」富人以為他居上風：

「最後，我問你一句：三千元，賣不賣？」

青年畫家知道富人故意賴賬，心中憤憤不平，他以堅定的語氣說：「不賣。我寧可不賣這幅畫，也不願受你的侮辱。今天你失信毀約，將來必定要你付出二十倍的代價。」

「笑話，二十倍是二十萬耶！我才不會笨得花二十萬買這幅畫。」

「那麼，我們等著瞧好了。」青年畫家對悻悻然離開的富人說。

經過這件事的刺激之後，畫家搬離了這個傷心的地方，重新拜師學藝，晝夜苦練。終於，十幾年後，他憑借刻苦學習，在藝術界闖出了一片天地，成為一位知名畫家。

而那個富人呢？自從走出畫室之後，第二天就把這件事忘記了。直到某一天，富人的好幾位朋友不約而同的來告知他：「有一件事真奇怪！這些天我們去參觀一位成名藝術家的畫展，其中有一幅畫不二價，畫中的人物跟你長得一模一樣，標示價錢二十萬。好笑的是，這幅畫的題目竟然是——『賊』。」

似乎被人當頭打了一棍，富人想起了十多年前畫家的事。

這件事對自己的損害太大了，他立即連夜尋找青年畫家，向他道歉，並且花了二十萬買回那幅人像畫。

青年憑著一股不服輸的精神，讓富人低了頭。

人活著就要有一種永不服輸的精神，這樣才能把握住自己的命運，做命運的主人。雖然說歷經堅苦卓絕的跋涉之後不一定能到達成功的彼岸，但在奮鬥的過程中，你卻享受著生命的真諦，你的人生也會因此而不同。

人生就是拚搏，人生就是奮鬥！生活因為不服輸的精神變得多姿多彩，人生也會在拚搏的過程中呈現出繽紛的色彩。

謝謝您購買 **成功不難，貴在用心** 這本書！

即日起，詳細填寫本卡各欄，對折免貼郵票寄回，我們每月將抽出一百名回函讀者寄出精美禮物，並享有生日當月購書優惠！

想知道更多更即時的消息，歡迎加入“永續圖書粉絲團”

您也可以利用以下傳真或是掃描圖檔寄回本公司信箱，謝謝。

傳真電話：（02）8647-3660　　信箱：yungjiuh@ms45.hinet.net

☺ 姓名：　　□男　□女　　□單身　□已婚

☺ 生日：　　□非會員　　□已是會員

☺ E-Mail：　　電話：（　）

☺ 地址：

☺ 學歷：□高中及以下　□專科或大學　□研究所以上　□其他

☺ 職業：□學生　□資訊　□製造　□行銷　□服務　□金融

□傳播　□公教　□軍警　□自由　□家管　□其他

☺ 您購買此書的原因：□書名　□作者　□內容　□封面　□其他

☺ 您購買此書地點：　　金額：

☺ 建議改進：□內容　□封面　□版面設計　□其他

您的建議：

廣告回信
基隆郵局登記證
基隆廣字第57號

新北市汐止區大同路三段一九四號九樓之一

大拓文化事業有限公司收

請沿此虛線對折免貼郵票，以膠帶黏貼後寄回，謝謝！

想知道大拓文化的文字有何種魔力嗎？

- 請至鄰近各大書店洽詢選購。
- 永續圖書網，24小時訂購服務
  www.foreverbooks.com.tw
  免費加入會員，享有優惠折扣
- 郵政劃撥訂購：
  服務專線：(02)8647-3663
  郵政劃撥帳號：18669219